U0001625

我就亂！

I'm a Mess

撰文、繪圖／
艾娜特・薩法替
Einat Tsarfati
譯者／駱香潔

GRAFIC　2

我就亂！處變不驚的免整理魔法
I'm a Mess

作　　者　艾娜特．薩法替（Einat Tsarfati）
譯　　者　駱香潔
總 編 輯　林慧雯
美術編輯　黃暐鵬

出　　版　行路／遠足文化事業股份有限公司
發　　行　遠足文化事業股份有限公司（讀書共和國出版集團）
地址：231新北市新店區民權路108之2號9樓
電話：（02）2218-1417；客服專線　0800-221-029
客服信箱：service@bookrep.com.tw
郵撥帳號：19504465遠足文化事業股份有限公司

法律顧問　華洋法律事務所　蘇文生律師
印　　製　韋懋實業有限公司
出版日期　2023年12月　初版一刷

定　　價　450元
I S B N　9786267244340（紙本）
9786267244357（EPUB）
9786267244364（PDF）

國家圖書館預行編目資料

我就亂！處變不驚的免整理魔法
艾娜特．薩法替（Einat Tsarfati）；駱香潔
一初版一新北市：行路出版：
遠足文化事業股份有限公司發行，2023.12
面；公分（Grafic；2）
譯自：I'm a Mess
ISBN 978-626-7244-34-0（平裝）
1.CST：生活指導　2.CST：家政
177.2　　112017593

寫在前面

創作這本書的過程中，我發現不少神祕現象。其中一個是：幾乎每一個人類都認為自己很邋遢。包括會事先規劃每週待辦事項的人、過去兩年從沒搞丟過家裡備用鑰匙的人，還有用特殊容器存放早餐穀片保持脆度的人。

這件事著實嚇到我這個母胎邋遢鬼。拜託，他們用專門的容器裝早餐穀片還敢自稱邋遢？但我的確不能否定他們的感受（確實有些人看起來整齊清潔、一絲不苟，私底下卻髒亂得不得了〔請見第二章〕）。

人人都覺得自己很邋遢，可能是源自人類對安定與秩序的基本渴望，而且這兩樣東西求人不如求己。當然還有一種可能是和我聊這件事的人單純想要安慰我，讓我覺得自己沒那麼糟糕。

我在創作這本書的過程中，書稿不見過兩次（一次是在紙本素描階段，一次是從電腦硬碟裡消失）。這麼說吧，以有井井有條的方式整理關於雜亂人生的資訊，對我來說不是件容易的事。雜亂這件事有很多面向。有時候很瑣碎、很多餘，有時候很抽象、很壯觀。我不敢說這本書裡出現的數據100%準確，也不敢保證我不會偶爾迷失在瑣碎的資訊片段裡，甚至隨著這團混亂陷入失控。

老實說，這本指南不會幫助你變成比較不邋遢的人，也不會以條理分明的方式說明每一個主題，但或許它能使你明白：身為邋遢鬼，你並不孤單。

艾娜特

目錄
Contents

01
邋遢為什麼
是個問題？
8

02
你邋遢嗎？
34

03
是什麼
構成邋遢？
60

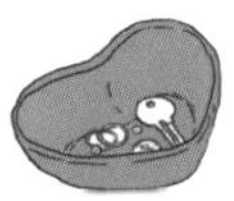

04
如何對付邋遢
（敵人是誰？）
84

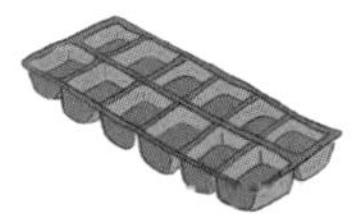

05
無為而治的
整理魔法
108

06
整理達人
vs. 邋遢鬼
134

07
邋遢的
演化優勢
164

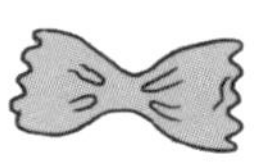

08
何時應該
任由它去
188

09
救贖
212

01

邋遢為什麼是個問題？

人類天生邋遢。

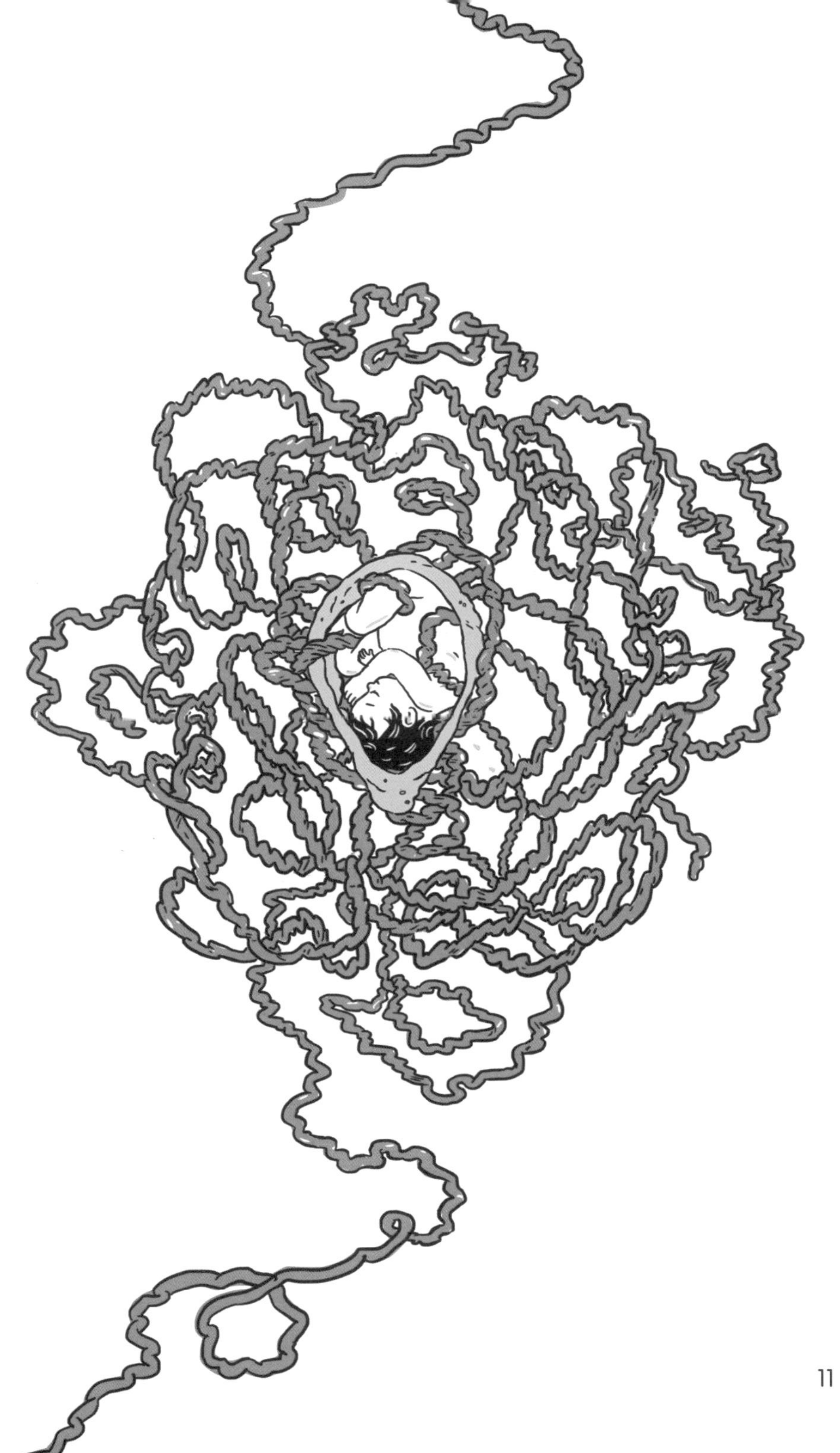

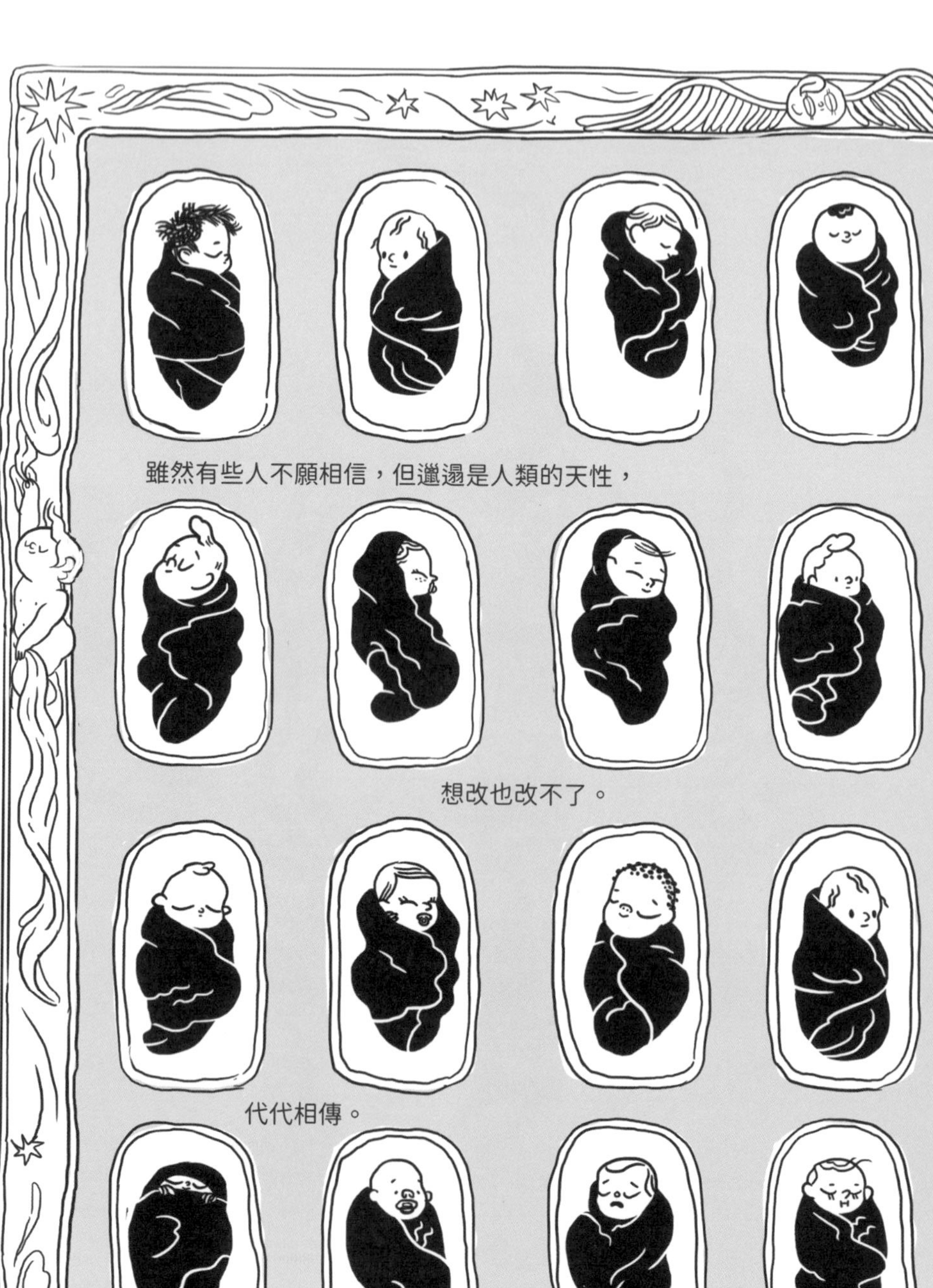

有些人甚至還沒出生就已經很邋遢。

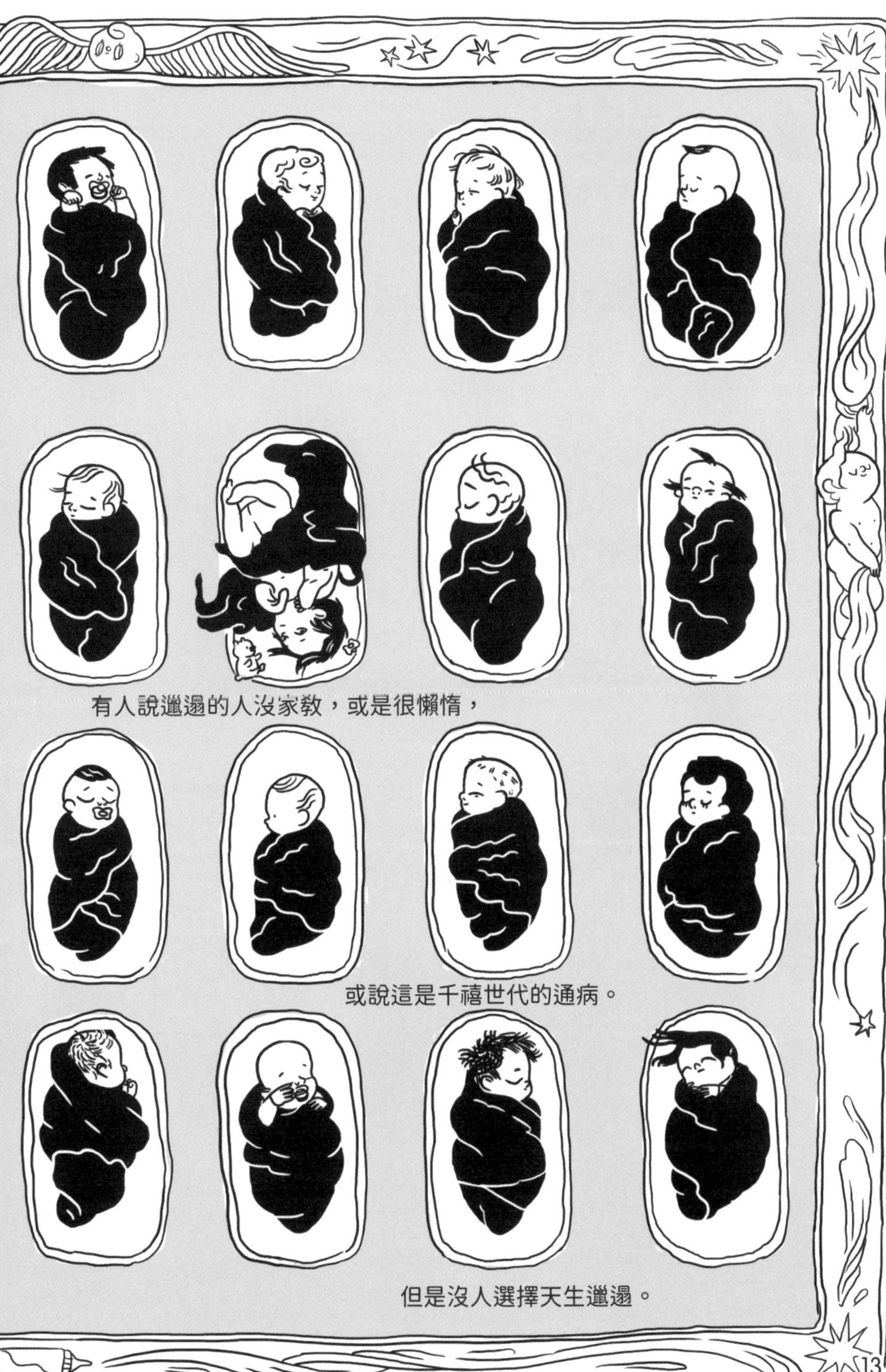
有人說邋遢的人沒家教，或是很懶惰，
或說這是千禧世代的通病。
但是沒人選擇天生邋遢。

邋遢的人肯定覺得，天生不邋遢
比較好。平均而言，一個邋遢鬼
每年決定（從下週開始）洗心革面、
整理整頓的次數從十五次起跳。

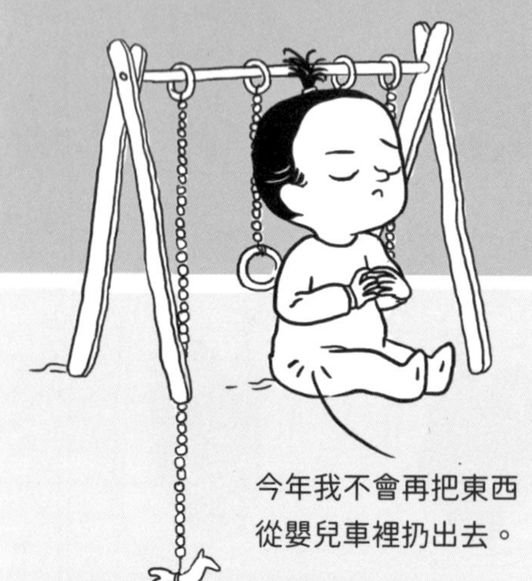

今年我不會再把東西
從嬰兒車裡扔出去。

今年我不會再弄丟
鉛筆盒裡的香水筆。

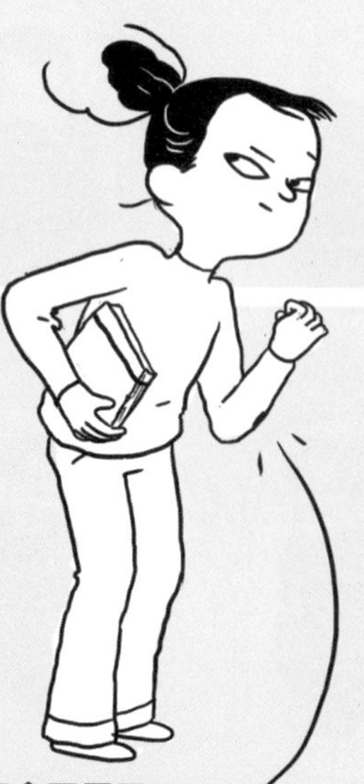

今年我不會再弄丟
好友手環，使友情陷入危機。

今年我不會在筆記本上
打翻水瓶。

今年我要用行事曆
記下所有待辦事項。
今年我要善用
Google日曆。
今年我
不會再
弄丟眼鏡。
這表示邋遢的人一輩子
必定會失敗1,275次，
而且隨著每一次
失敗，他們對
自己的信心
也會減少那麼
一點點……
今年我不會再弄丟眼鏡。

擦掉你刻在牆上的塗鴉！還有，
現在就去幫那頭猛獁象洗澡！
我的奧丁神啊！客廳怎麼亂成這樣！
你是野人嗎？
當個邋遢的孩子沒那麼簡單，
養個邋遢的孩子也不容易。
古往今來的父母都知道，邋遢的孩子是沉重的負擔，自從人類獻祭
不再流行之後，他們努力說服孩子，至少要把自己的房間收拾乾淨。

你知道房間裡不能
吃東西！爲什麼地上
那麼多蛋糕屑？
想都別想。不收拾乾淨
就沒有零用錢！
當然，什麼方法都沒用，因爲小孩和髒亂基本上是連體嬰。

邋遢而迷人的美女把塞滿雜物的迷人包包掉在地上，
雜物散落一地的同時，剛好遇到靈魂伴侶，
這種情節只會發生在愛情喜劇裡。
在愛情喜劇以外的地方，邋遢一無是處。

我滿確定如果我包包裡的東西散落一地，

在我附近的每一個人都不會想跟我的命運有什麼牽扯。

我滿確定故事的走向會跟愛情喜劇完全相反。

其實與其說我想變成整潔的人，不如說我對邋裡邋遢的自己感到厭煩。

身爲資深邋遢鬼，我可以告訴你，邋遢的人生猶如噩夢。

首先，是**物質層面**。
邋遢的人沒什麼機會累積物品，
因爲他們總是丟三落四，
忘記自己把東西放在哪裡，
或是把東西遺忘在公車上。

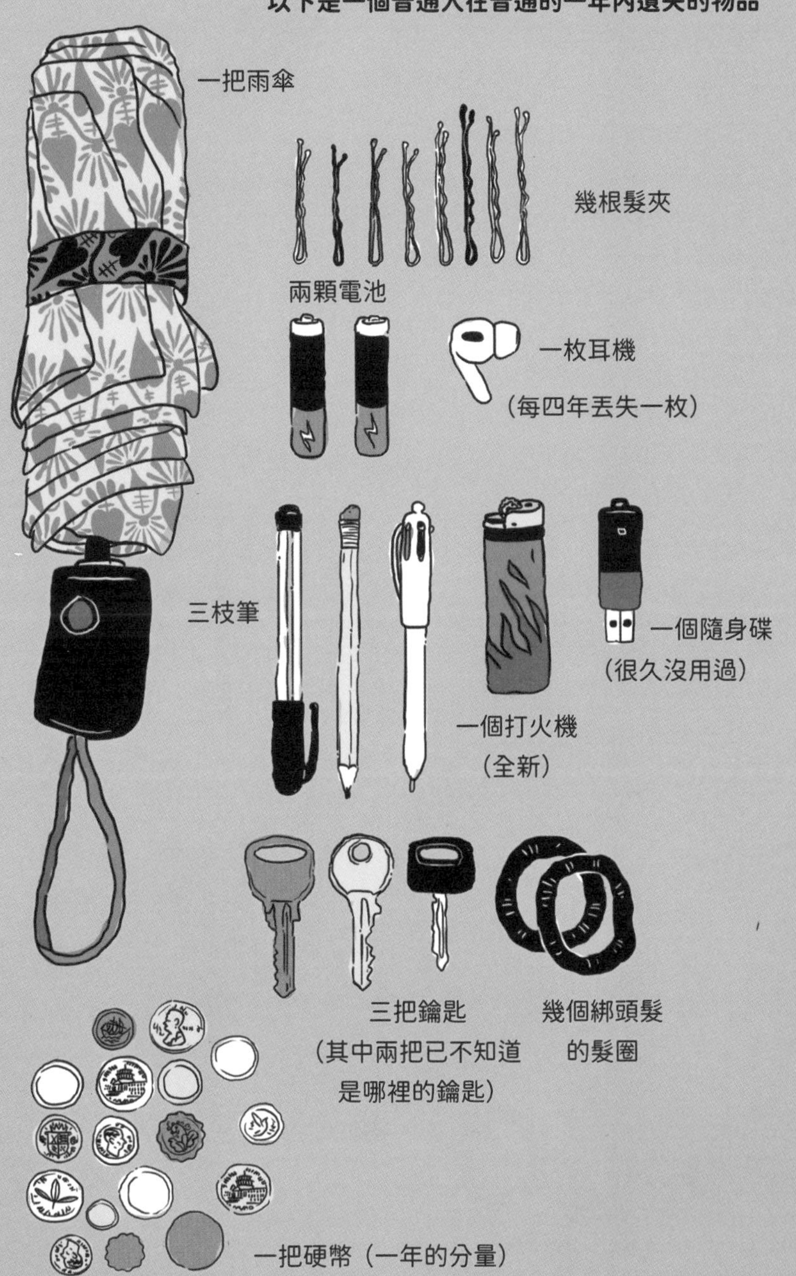
以下是一個普通人在普通的一年內遺失的物品
一把雨傘
幾根髮夾
兩顆電池
一枚耳機
（每四年丟失一枚）
三枝筆
一個隨身碟
（很久沒用過）
一個打火機
（全新）
三把鑰匙
（其中兩把已不知道
是哪裡的鑰匙）
幾個綁頭髮
的髮圈
一把硬幣（一年的分量）

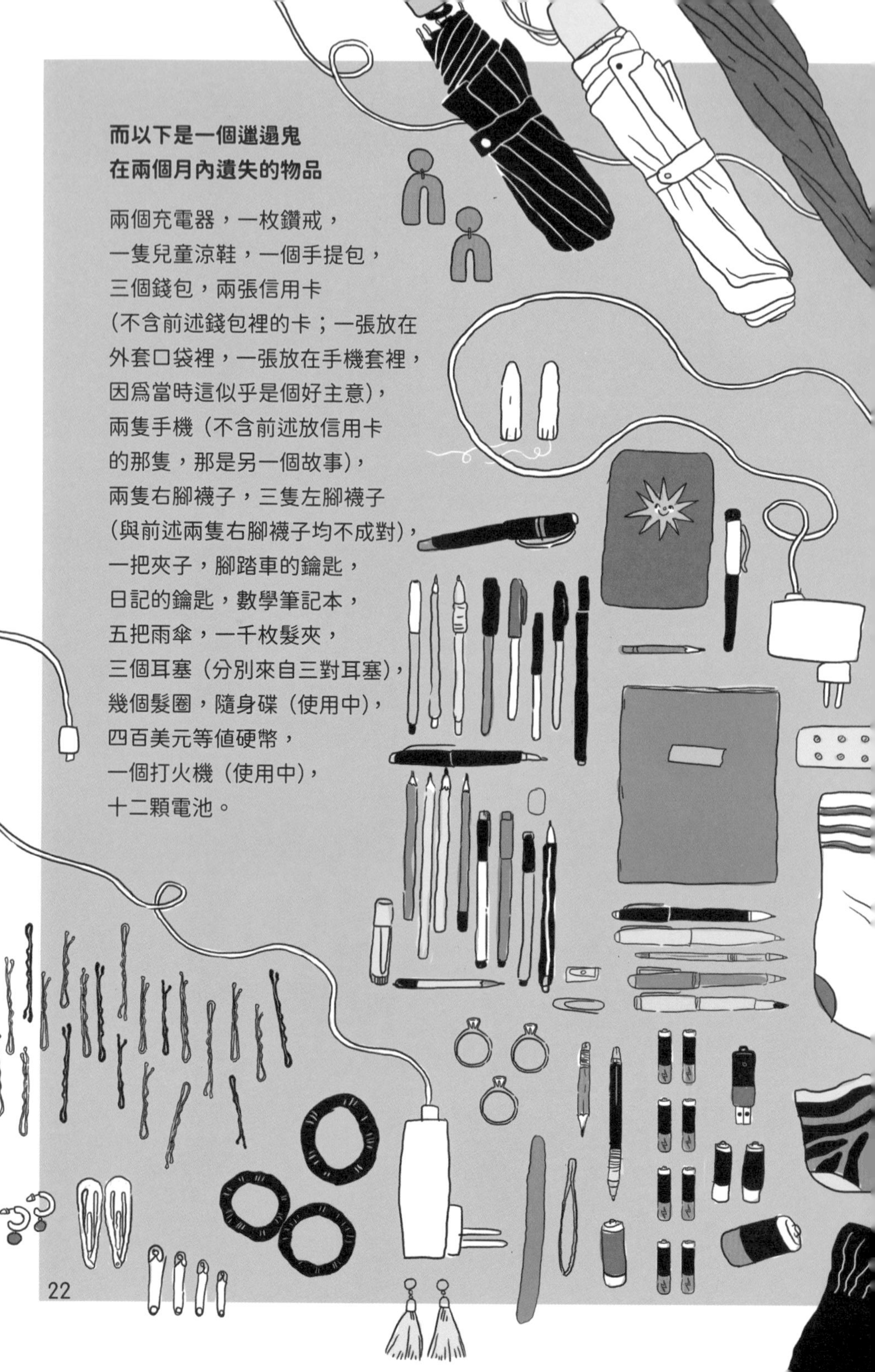

而以下是一個邋遢鬼
在兩個月內遺失的物品

兩個充電器，一枚鑽戒，
一隻兒童涼鞋，一個手提包，
三個錢包，兩張信用卡
（不含前述錢包裡的卡；一張放在
外套口袋裡，一張放在手機套裡，
因爲當時這似乎是個好主意），
兩隻手機（不含前述放信用卡
的那隻，那是另一個故事），
兩隻右腳襪子，三隻左腳襪子
（與前述兩隻右腳襪子均不成對），
一把夾子，腳踏車的鑰匙，
日記的鑰匙，數學筆記本，
五把雨傘，一千枚髮夾，
三個耳塞（分別來自三對耳塞），
幾個髮圈，隨身碟（使用中），
四百美元等值硬幣，
一個打火機（使用中），
十二顆電池。

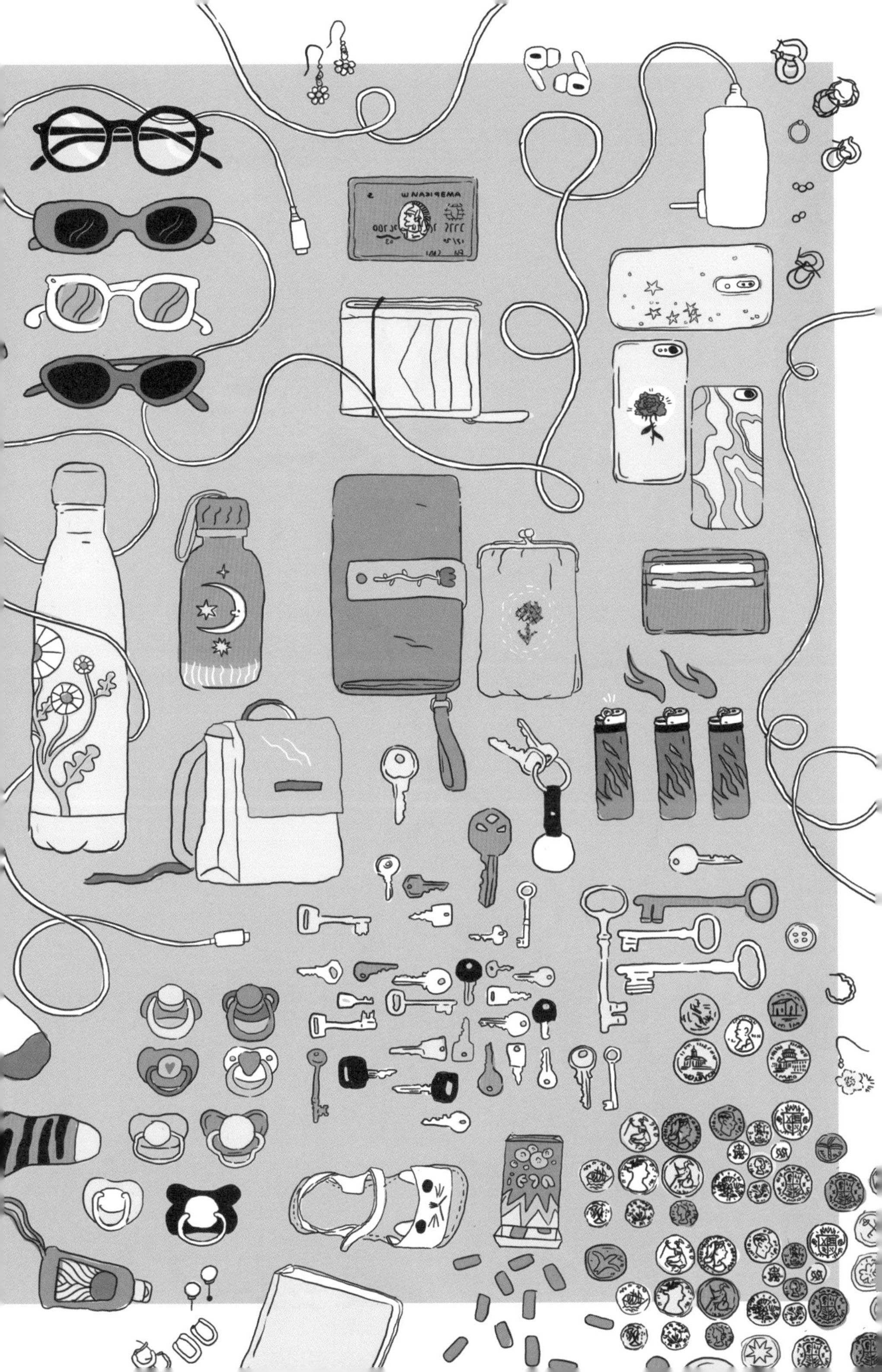

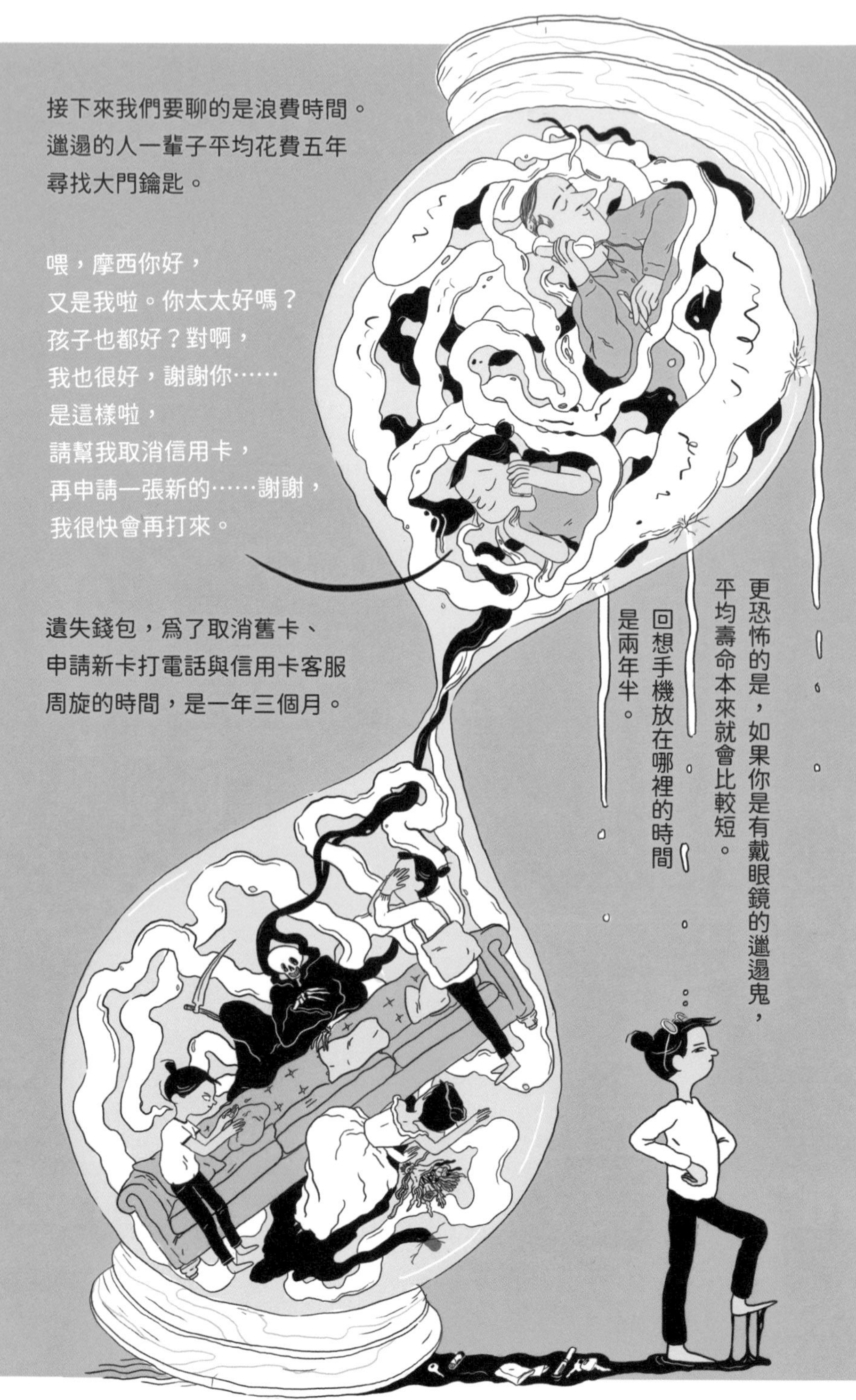
接下來我們要聊的是浪費時間。
邋遢的人一輩子平均花費五年
尋找大門鑰匙。
喂，摩西你好，
又是我啦。你太太好嗎？
孩子也都好？對啊，
我也很好，謝謝你……
是這樣啦，
請幫我取消信用卡，
再申請一張新的……謝謝，
我很快會再打來。
遺失錢包，爲了取消舊卡、
申請新卡打電話與信用卡客服
周旋的時間，是一年三個月。
更恐怖的是，如果你是有戴眼鏡的邋遢鬼，
平均壽命本來就會比較短。
回想手機放在哪裡的時間
是兩年半。

當然，每個邋遢鬼都不一樣。
雖然他們都經常丟失重要物品（錢包、手機、眼鏡、鑰匙），
但是說到怎麼找東西，他們會各出奇招：

邋遢鬼的找鑰匙妙招

船到橋頭自然直：保持冷靜，
拿出欲擒故縱的態度，
相信鑰匙會自動現身。

傷春悲秋林黛玉：相信用悲切的
情緒搭配誇張的動作表演尋找鑰匙
的戲碼，就能更快找到鑰匙。

神祕的宇宙力量：
善有善報，惡有惡報，
用正能量召喚鑰匙，宇宙肯定
會設法叫鑰匙物歸原主。

叢林狩獵野獸派：想像鑰匙是獵物，
而自己是叢林裡的猛獸，
悄無聲息在地上匍匐前進。
迅雷不及掩耳的撲向家中物品，
翻開查看鑰匙有沒有藏在底下，
認真的態度彷彿這些物品
隨時會趁機逃跑。

事實證明，這些招數都沒有用。

坦白說，最令邋遢鬼難受的是長期缺乏安全感，進而感到憂鬱
因爲老是亂糟糟，所以無論做什麼都很茫然，
就像擔心找不到回家的路。即使眞的順利走到家門口，
也有可能因爲忘記帶鑰匙而被鎖在門外。

HELLO

邋遢的我小時候非常害怕的一件事是整理背包。
成年後的我依然邋遢，也依然討厭整理背包
(所以我有很多手提包)。
每個手提包都是一個有背帶的迷你宇宙，
承裝著邋遢鬼的整個世界。
它像一面鏡子，映照出邋遢鬼從裡到外的模樣。

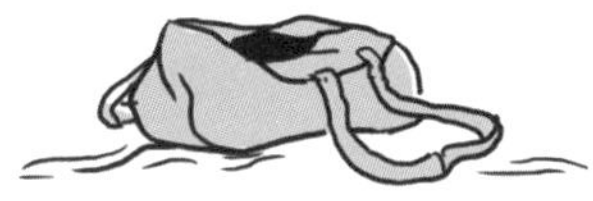

對邋遢的人來說，
翻手提包找鑰匙這樣的簡單小事
也伴隨著緊張和焦慮。

把手伸進包包裡，感覺有點
像魔術師把手伸進帽子裡。

至於那顆我忘了放在包包裡的桃子？
我知道不會有人趁著夜黑風高來偷桃。

但有那麼一瞬間，
我心中仍然抱持希望。

一開始，
你不知道會撈出什麼。
我知道什麼魔術都是假的，
最後當然沒找著鑰匙……
只撈到桃子。

偶爾，我把手伸進包包裡找鑰匙的時候，
居然一下子就找到！
感覺就像變魔術一樣。

我不打算說服翻開這本指南的讀者，
邋遢鬼彈指就能變成整理達人。
我想試著證明的是，
只要用幾個小技巧加上幾個小奇蹟，
邋遢的我們也能活得雨順風調。

02

你邋遢嗎？

聰明如你，我想你肯定已經開始自問：
「我也是個邋遢的人嗎？如果是，我有多邋遢？」
如果問這個問題的此刻，你人躺在沙發上的髒衣堆裡，
答案應該毫無懸念。
但如果你不太確定，想要知道自己到底有多邋遢，
請詳讀這一章。

階段一：
你到底有多邋遢？

日常生活中，有五件事乍看平凡無奇卻能直探靈魂，
我們可以透過這五件事評估你有多邋遢。

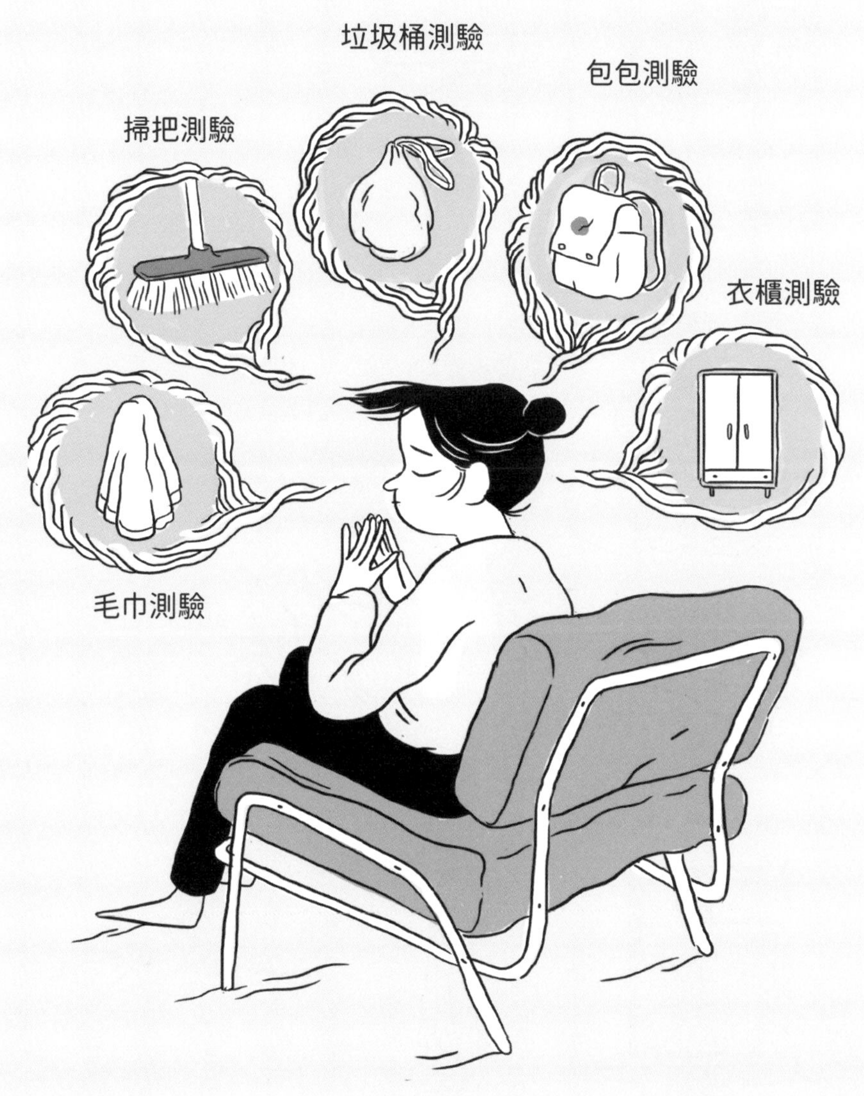
垃圾桶測驗
包包測驗
掃把測驗
衣櫃測驗
毛巾測驗

毛巾測驗→掃把測驗→包包測驗→衣櫃測驗→垃圾桶測驗

一、你有幾條毛巾？

a. 很多條。整齊擺放
在特別的編織籃裡，
旁邊還有一小袋乾燥花。

b. 毛巾嗎？差不多
每一種各兩條。

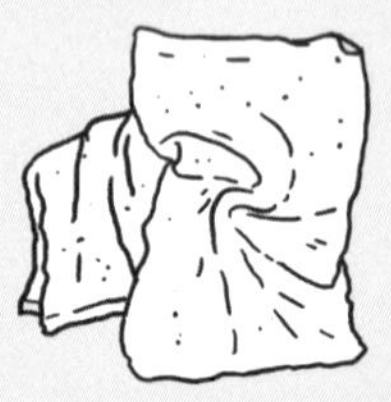

c. 有一條從爸媽那裡
拿來的大毛巾，
還有一條小毛巾，
是前室友留下來的。

二、毛巾的大小？

a. 一條裹身浴巾。一條大浴巾。
一條擦頭髮的長毛巾。
一條孩子用的擦手巾。
一條大人用的擦手巾。
一條擦屁股用的迷你毛巾。

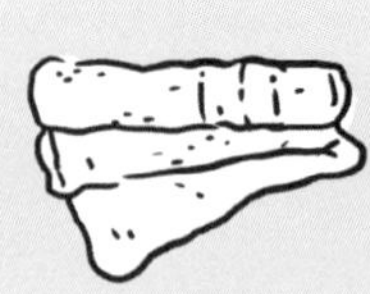

b. 大、中、小
各一。

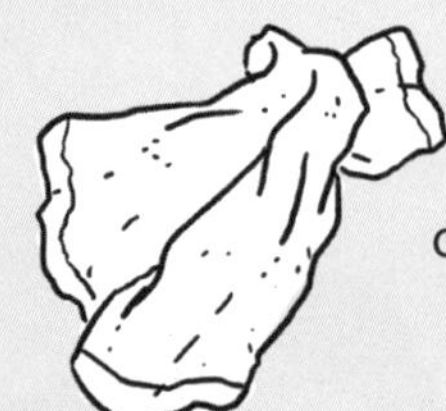

c. 一條毛巾。

三、洗澡之後，毛巾放哪裡？

a. 這還用問嗎？當然是
掛在電熱毛巾架上烘乾。

b. 掛起來。

c. 穿衣服的時候
順手把毛巾
扔在地上就行了。

四、用了一週的毛巾怎麼處理？

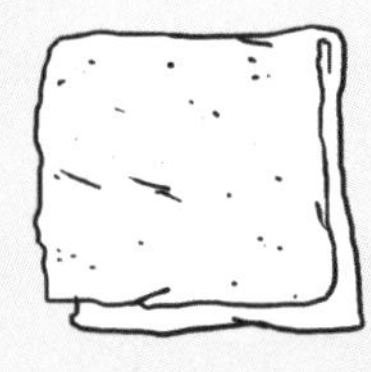

a. 用香香洗衣精與柔軟劑洗過後，放進烘衣機烘乾，拿出時溫熱又蓬鬆。

b. 再多用幾次，才扔進洗衣機。

c. 從地上撿起來，掛在門後面。

五、你家有碗盤用的擦拭布嗎？

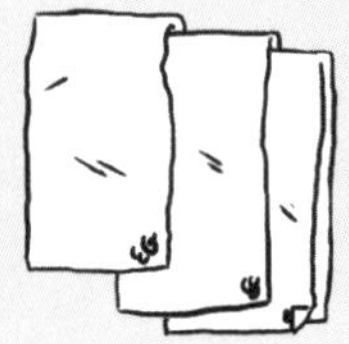

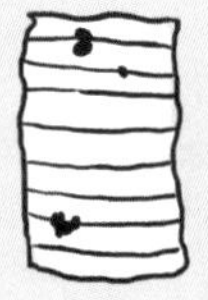

a. 當然有。材質是有機棉，角落還繡我的名字縮寫。

b. 有。一包三條的那種。

c. 有啊，就是我前室友留下來的那條小毛巾。

六、加分題：你有運動專用的毛巾嗎？

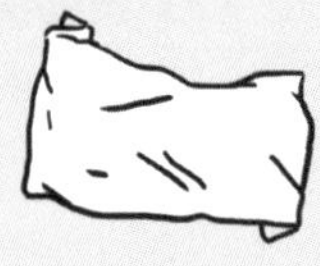

a. 當然有。是某知名品牌的超細纖維快乾布。

b. 有。是一條中等大小的黑色毛巾。

c. 就是前室友留下來的那條小毛巾。

毛巾測驗→**掃把測驗**→包包測驗→衣櫃測驗→垃圾桶測驗

一、你家用哪一種掃把？

a. 高科技仿生掃把，使用橡膠超細纖維與不沾毛髮塗層。

b. 普通掃把。

c. 前房客留下來的舊掃把，看樣子貌似清過煙囪。

二、你多久掃地一次？

a. 每天早晚各一次，另外視需要隨時掃地。

b. 大概每兩天掃一次。

c. 不小心把一包糖灑在地上，螞蟻愈來愈多的時候。

三、針對廚房有沒有什麼特別的掃法？

a. 想像廚房地板是日式枯山水慢慢地、輕輕地收集塵埃。

b. 由東向西，邊掃邊往垃圾桶的方向移動。

c. 隨便啦，動作不拘，地上的髒東西隨意四散。

四、髒東西掃進畚箕後，地面會留下一道灰塵的痕跡。你都怎麼處理？

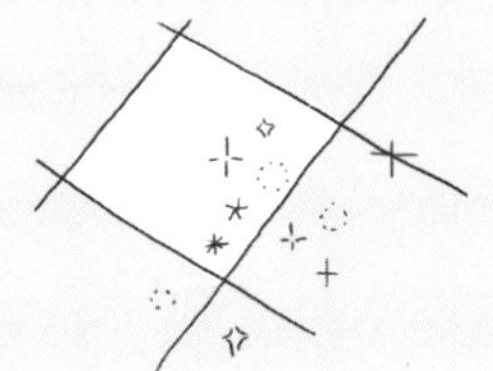

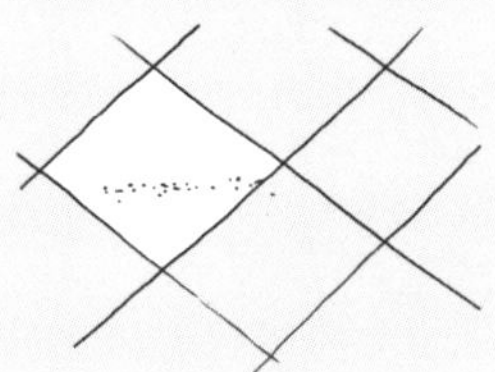

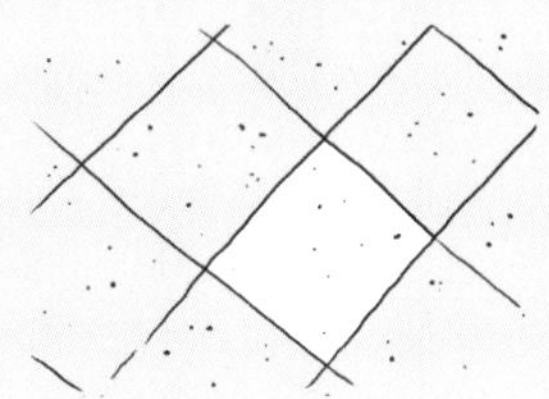

a. 什麼痕跡？

b. 我會多掃幾次。

c. 用掃把輕輕一揮，散開之後看起來就很乾淨了。

五、描述一下掃進畚箕裡的髒東西。

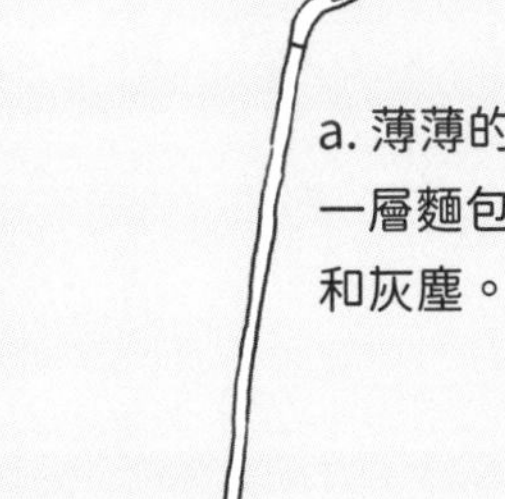

a. 薄薄的一層麵包屑和灰塵。

b. 麵包屑、灰塵，以及一根裹滿麵包屑和灰塵的麵條。

c. 麵包屑、灰塵、一根裹滿麵包屑和灰塵的麵條、一顆鈕釦、一枚戒指、一枚國外的硬幣。

六、掃完地才發現找不到畚箕，你會怎麼做？

a. 這還用問嗎？當然是拿出備用畚箕。

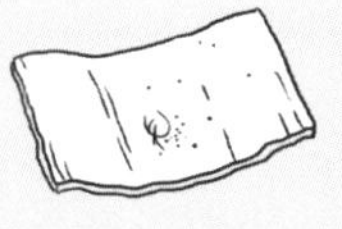

b. 用一塊紙板或一張紙充當畚箕。

c. 髒東西掃到牆角，再用掃把擋住就OK了。

毛巾測驗→掃把測驗→**包包測驗**→衣櫃測驗→垃圾桶測驗

一、包包裡的手機響起，你的第一個念頭是？

拜託，
別再響了。

a. 喔，是我媽的專屬鈴聲！讓我快快從內袋裡拿出手機接電話。

b. 我記得我把手機調成靜音了呀。我來找一找，找到再調成靜音。

c. 手伸進包包翻找手機，動作很像小孩子走進可愛動物區狂摸小動物。

二、朋友問你有沒有口香糖，你的包包裡剛好有嗎？

a. 當然有，就在專門放口香糖的內袋裡。

b. 我剛吃了最後一顆。

c. 好像有一包壓在底下，雖然壓扁了但是還能吃，完全沒問題。

三、你的包包有多少收納空間？

a. 基本極簡款。

一個大大的主袋，裡面有兩塊隔板，一個筆電空間，一個前袋，一個隱藏前袋，側面還有一個拉鏈袋。

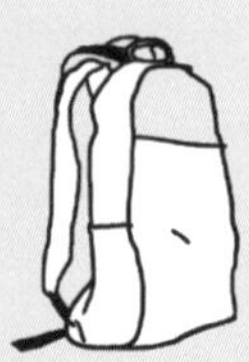

b. 有一個大大的主要內袋，前面還有一個袋子。

c. 我的包包是一個大內袋加上幾個黑洞。

四、你都把錢包放在哪兒？

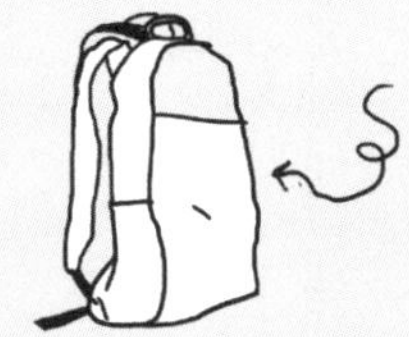

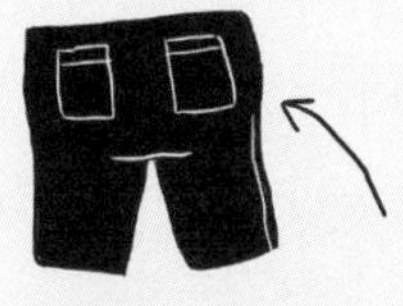

a. 專門放錢包的內袋裡。

b. 包包中間的內袋裡，或是前面的袋子裡。

c. 我昨天穿的長褲口袋裡，長褲現在在髒衣堆裡。

五、回到家之後，你把包包放在哪兒？

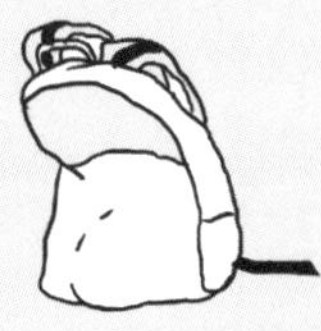

a. 掛在玄關衣櫃裡的包包專屬掛鉤上。

b. 放在房門旁固定的地方。

c. 扔在地上，沒有固定位置。

六、你的錢包零錢袋裡裝了什麼？

a. 零錢。

b. 我的錢包沒有零錢袋，我的硬幣都收納在家裡的小玻璃罐裡。

c. 鈕釦、超市發票、一枚戒指、一枚硬幣——不過是外國的硬幣。

毛巾測驗→掃把測驗→包包測驗→**衣櫃測驗**→垃圾桶測驗

一、衣櫃給你怎樣的感覺？

a. 衣櫃是我的聖殿。

b. 衣櫃是放衣服的地方。

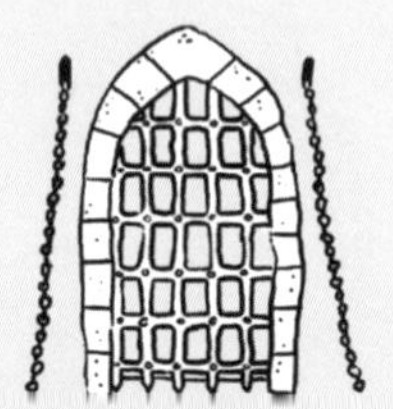

c. 幸虧有衣櫃，不然我會被衣服雪崩式掩埋。

二、你摺衣服有什麼特別的習慣嗎？

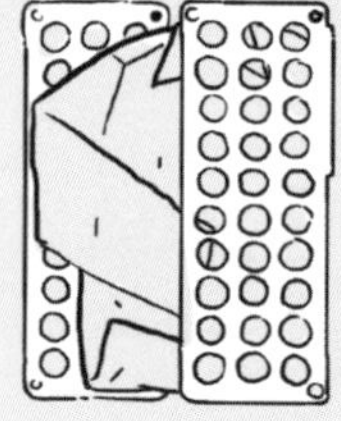

a. 我用摺衣板摺衣服，一點也不特別。

b. 對摺，再對摺。

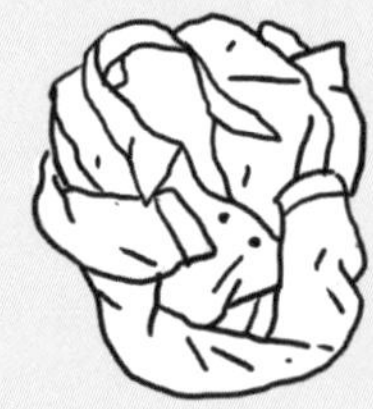

c. 揉成一顆球，然後用力壓扁。

三、你想穿的那件衣服在最底下，你會怎麼拿出來？

a. 抬起上面的衣服挪開，拿出我要的那件，再把整疊衣服放回去。

b. 在盡量不影響整疊衣服的情況下，快速抽出我要的那件。

c. 我的衣櫃本身就是一大團衣服，沒有上下之分。

四、你如何收納襪子？

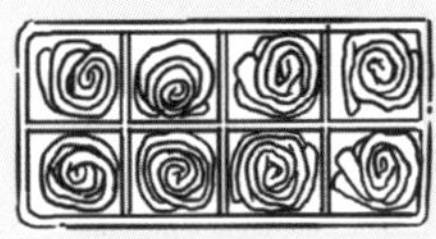

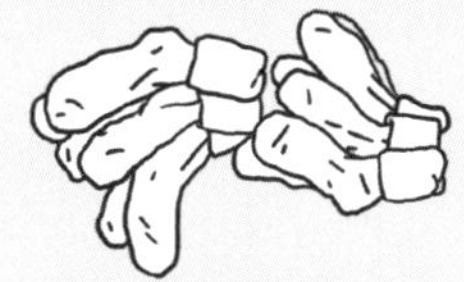

a. 用專門放襪子的收納盒。

b. 同色襪子成雙摺疊收納。

c. 全部扔進抽屜，祈禱襪子自己配對。

五、形容一下打開衣櫃門的感覺。

a. 快樂。

b. 早晨。

c. 救命啊！！！土石流！！！

毛巾測驗→掃把測驗→包包測驗→衣櫃測驗→**垃圾桶測驗**

一、垃圾桶已滿，你會怎麼做？

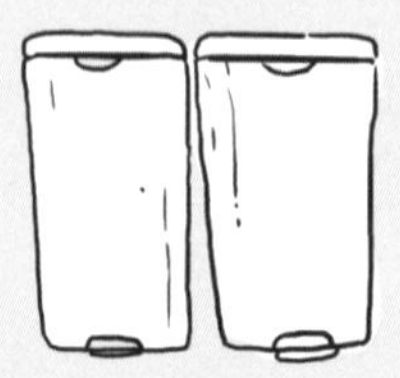

a. 你是說普通垃圾，還是回收垃圾？

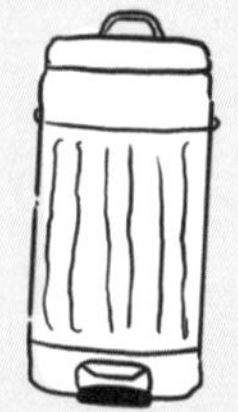

b. 再多塞一點，隔天早上拿出去丟。

c. 另外拿一個垃圾袋。

二、你使用哪種垃圾袋？

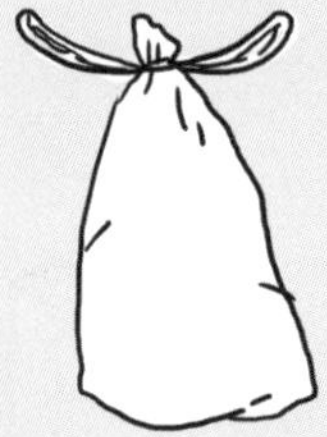

a. 耐用的超厚垃圾袋。

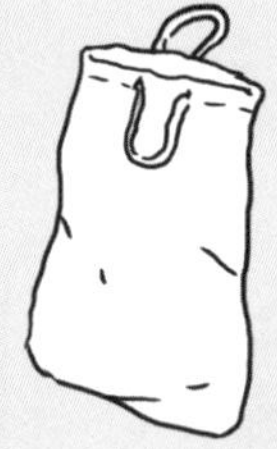

b. 超市特價的垃圾袋。

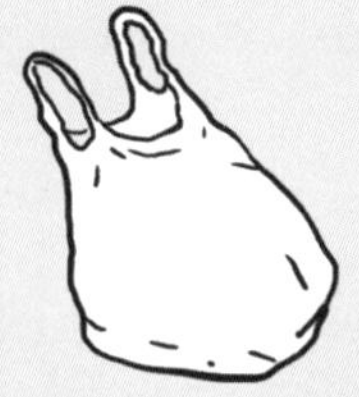

c. 我家垃圾袋剛用完，先用購物拿到的塑膠袋頂一頂。

三、提起垃圾時發現垃圾袋有破洞，你會怎麼做？

a. 我沒遇過這種情況。我都買耐用的超厚垃圾袋。

b. 再拿一個垃圾袋套起來。

c. 提著垃圾袋盡量快跑，就算袋子提把斷了也沒關係。

四、垃圾桶滿了，誰負責倒垃圾？

a. 簡單：當然是誰先看見，誰就去倒。

b. 先出門的人。

c. 吵架吵輸的人。

五、你對社區的垃圾子母車有什麼感覺？

a. 尊敬與欣賞。它負責收集垃圾，沒什麼好怕的。

b. 我總是小心翼翼靠近它，丟了垃圾就跑。

c. 噁心。

加分題：你家浴室有放垃圾桶嗎？

a. 當然有。我家浴室用的是成套的設計師用品，包括垃圾桶。

b. 有，放在馬桶旁邊的牆角。

c. 我隱約記得曾把衛生棉扔進浴室的垃圾桶裡，好像是一年前吧。

想像以下情境：

你在馬克杯裡放入一茶匙咖啡、
兩茶匙砂糖，倒入剛煮好的熱水。
打開冰箱、拿出牛奶，
發現牛奶盒很輕。
原來你早上泡完咖啡後，
把空牛奶盒放回冰箱裡……

你會怎麼做？

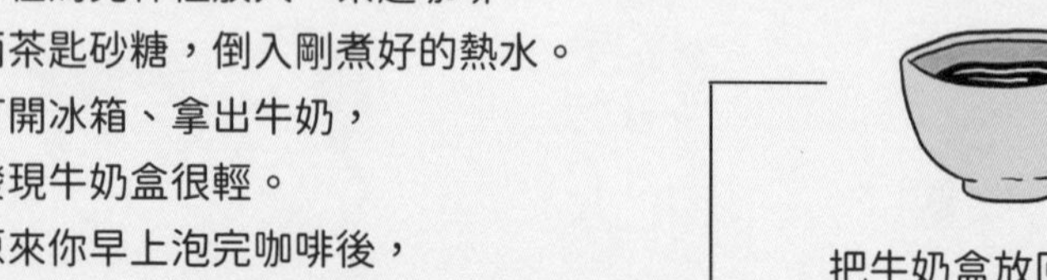

把牛奶盒放回冰箱，
喝黑咖啡。

把牛奶盒放回冰箱，
不喝咖啡。

沒問題。我家有一整箱
備用牛奶，種類包括原味、
杏仁、豆奶和低乳糖。

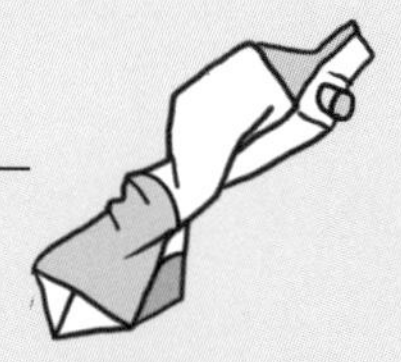

扔掉空盒，出門買牛奶。

你想起明天要做個蛋糕帶去公司，牛奶是必備原料。你會怎麼做？

蛋糕食譜說要用三顆蛋，家裡只剩兩顆。你會怎麼做？

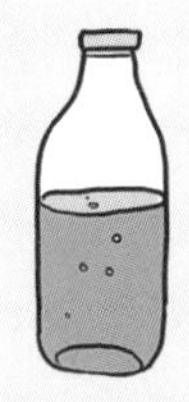

用柳橙汁取代牛奶，液體都一樣啦。

蛋糕就不做了，把空盒放進冰箱。

改用優格。反正濃稠度差不多，對吧？

直接買一個蛋糕就好。

你是個失敗的蛋糕。

沒問題。我家有一整箱備用牛奶，種類包括原味、杏仁、豆奶和低乳糖。

改用還沒喝完的、添加營養素、特別香濃的甜味牛乳。

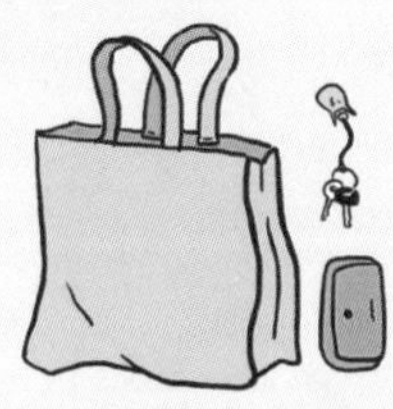

立刻去買蛋。

用長除法按比例減量，只用兩顆蛋。

恭喜！你是全公司最美味的蛋糕。

結論：

如果你大部分的答案是a：
請闔上這本書，趕緊去
燙衣服、整理集郵簿，
或做點你平常
愛做的事。

如果你的答案以a和b爲主：或許這本書
能幫助你了解邋遢的伴侶或朋友。

如果你的答案以b和c爲主：
下一章的建議或許對你有幫助。
如果你大部分的答案是c：請放棄治療。
我爲你獻上大大的擁抱與無條件的愛。

階段二：我屬於哪一種邋遢？

邋遢的人可分爲六大類型：

深藏不露型

打開衣櫃會引發土石流。
外表看起來整潔有序，
其實髒東西都掃到地毯下，
背包裡也塞滿垃圾。

魅力無邊型

融入個人風格的邋遢。
他們的邋遢帶著滿不在乎的瀟灑，
充滿性感的吸引力。較常被形容爲
頹廢狂野，而不是邋遢。

否認到底型

拒絕承認自己很邋遢，
把錯怪在別人頭上。
「沒人告訴我」、「我忘了設定提醒」、
「是別人把鑰匙拿走了」，
都是他們常用的藉口。
無論如何，打死不承認就對了。

頑童型

衆所周知，小孩是製造混亂的高手。
除了萬中選一的極少數之外，
多數人小時候都是亂糟糟的。
小孩製造的雜亂形態非常基本，
有些科學家甚至相信，
任由小孩玩樂高將導致地球毀滅。

邋遢凡人型（你和我）

努力維持整潔的普通人。
客人上門時，第一反應是
把客廳地板上的東西全都塞進
充當衣櫃的房間裡。

收藏家型

他們把邋遢變成一種
打發時間的嗜好，
將雜物定義爲種類多元的收藏品。

當然，邋遢的樣貌遠遠不只這六種……
邋遢的類型多達幾十種、甚至幾百種。

1. 拖拖拉拉型　2. 否認到底型　3. 疑神疑鬼型　4. 魅力無邊型
5. 若無其事型　6. 裝模作樣型　7. 不屈不撓型　8. 猶豫不決型
9. 動作緩慢型　10. 專業人士型　11. 糊里糊塗型　12. 叛逆分子型

13. 狂熱者型　14. 緊張兮兮型　15. 誇張劇場型　16. 倚老賣老型
17. 忘東忘西型　18. 家長型　19. 抱怨牢騷型　20. 收藏家型
21 頑童型　22. 邋遢凡人型

邋遢的樣貌形形色色，邋遢的人不會從一而終，他們可能會切換類型。

切換成哪一種類型，取決於當時的情緒狀態、身旁的人是誰，以及有幾雙鞋子。
這麼說吧，他們人生的每一個時期都呈現不一樣的邋遢。

我們要把焦點放在
對邋遢的意識上。
在後面的章節裡，
我們將試著了解
邋遢鬼有哪些缺點，
如何克服這些缺點
或是至少避開它們，
或把它們隨手塞進抽屜、
永遠封存。

但是在那之前，先一起
來看看邋遢的平凡人
具備哪些人格特質，
探索奇妙的邋遢世界。

03

是什麼構成邋遢？

構成有形的邋遢的物品包括鑰匙、硬幣、手提包底部的口香糖、
鈕釦、電池、我爲了成爲整理達人而購買卻弄丟的記事本，
以及雨季期間購買的四把雨傘。

無形的邋遢與物品無關，而是與物品的精神有關。
這是宇宙起源最基本的原點，誕生於混沌，並且持續發散。

最有趣的東西都來自雜亂無章的地方，

例如宇宙，

例如生日蛋糕，

例如人類，

例如布拉格的戈倫魔像。*

* 譯註：golem，猶太教民俗故事裡因為灌注巫術而能夠自由行動的泥偶。16世紀有一位住在布拉格的猶太教拉比寫下一系列戈倫魔像的故事，非常有名。（Wikipedia）

大部分的東西最後都會
像這樣分解消亡。

其實以混沌爲開端，也不算太糟。
有時候，反抗秩序、顚覆傳統
思維、歪打正著的失誤
能帶來厲害的發明。
很多事情之所以
能改變歷史的方向，
正是因爲有人不肯
墨守常規，或是
有一點邋遢。

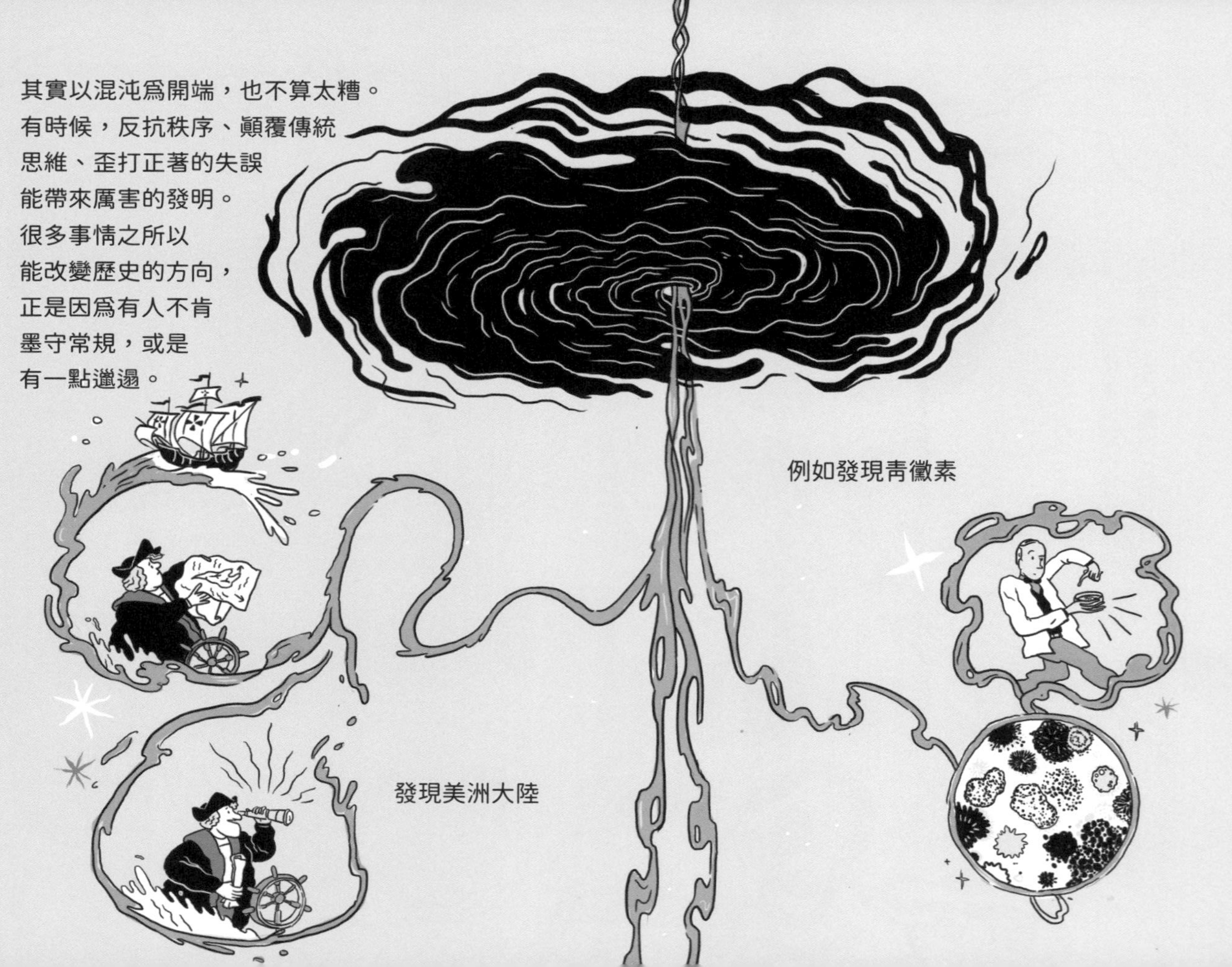

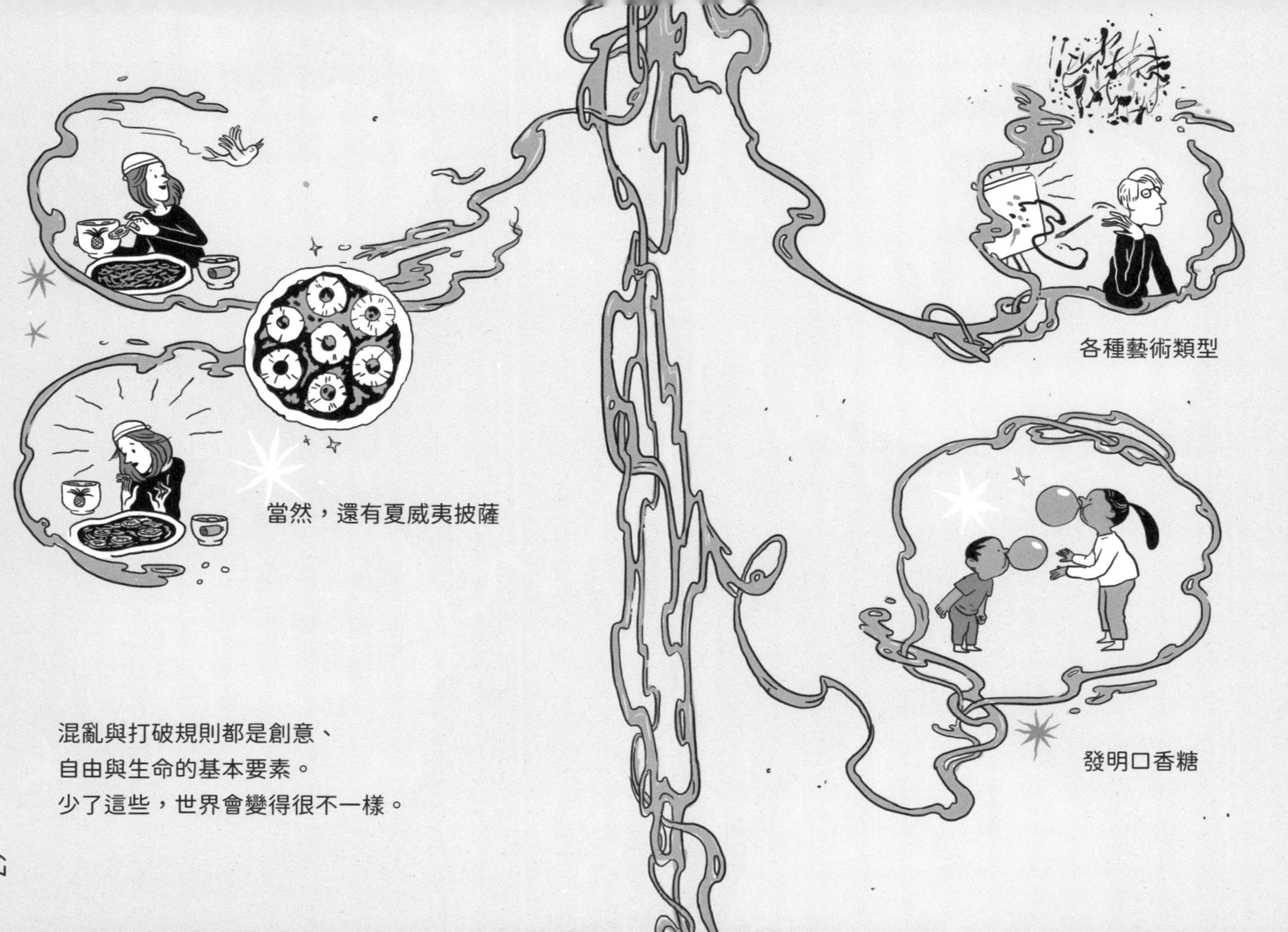

混亂與打破規則都是創意、
自由與生命的基本要素。
少了這些，世界會變得很不一樣。

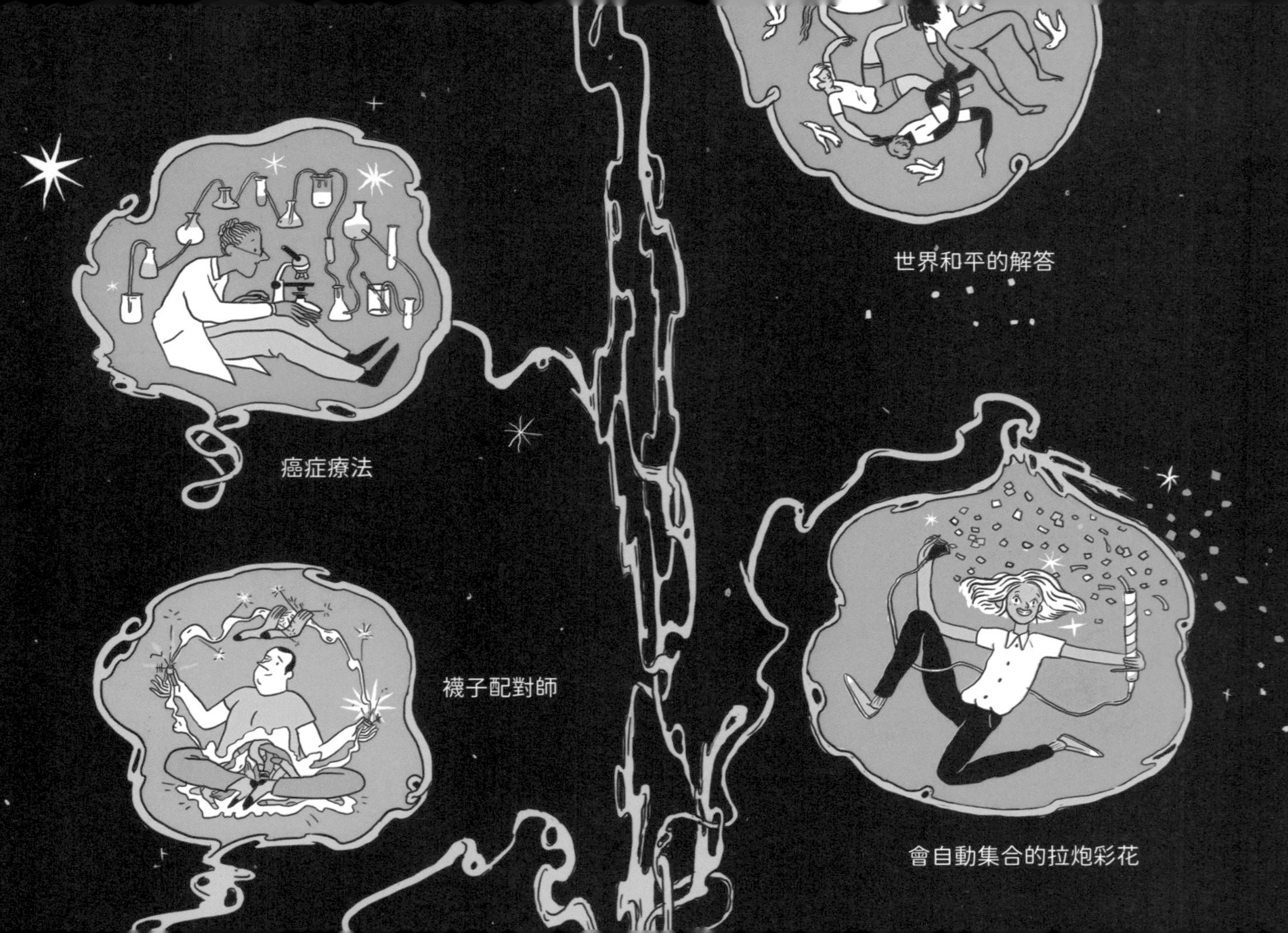

癌症療法
襪子配對師
世界和平的解答
會自動集合的拉炮彩花

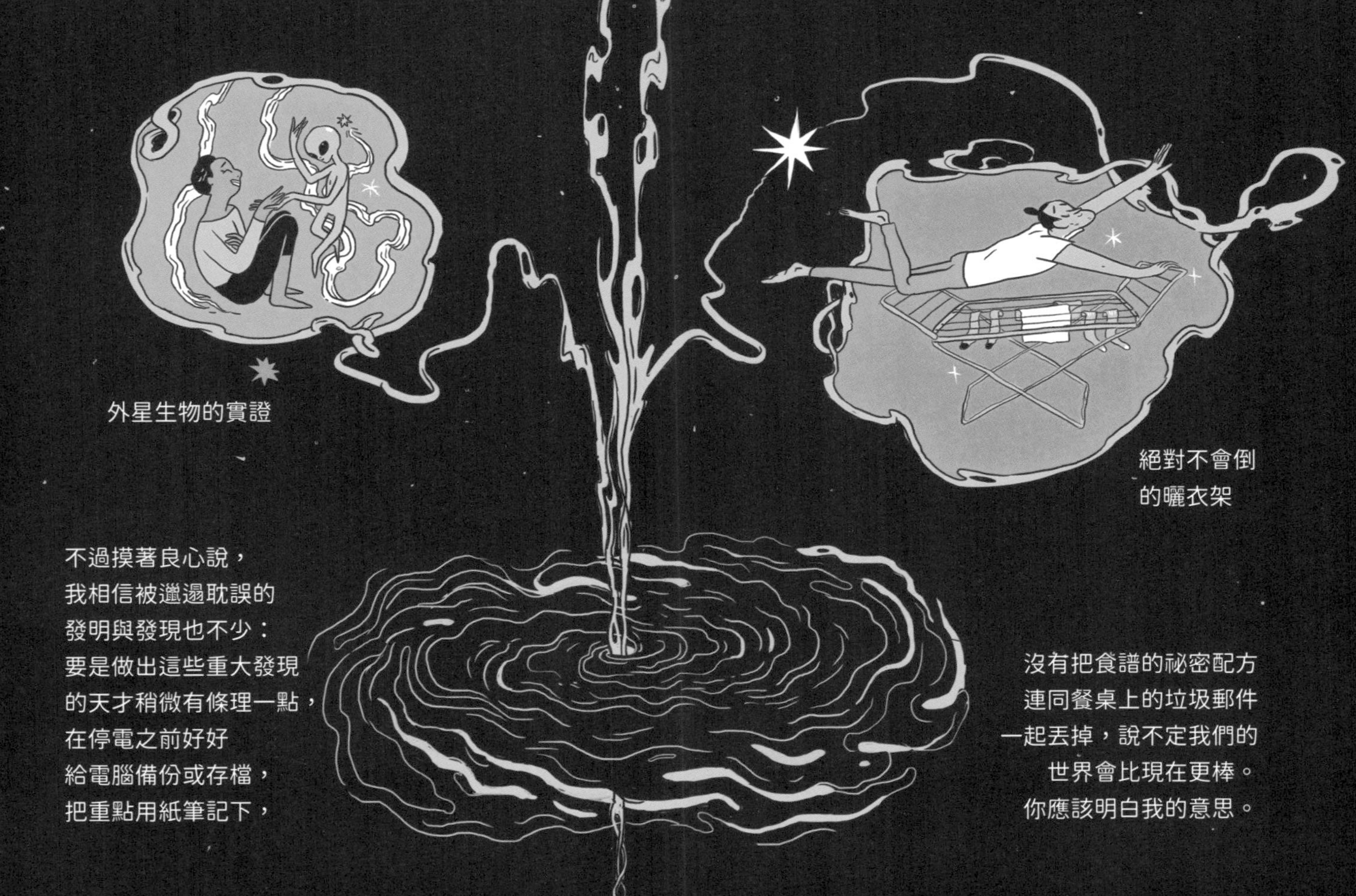

不過摸著良心說，
我相信被邋遢耽誤的
發明與發現也不少：
要是做出這些重大發現
的天才稍微有條理一點，
在停電之前好好
給電腦備份或存檔，
把重點用紙筆記下，

沒有把食譜的祕密配方
連同餐桌上的垃圾郵件
一起丟掉，說不定我們的
世界會比現在更棒。
你應該明白我的意思。

無形的邋遢講得差不多了，
接下來要談有形的邋遢。
超級有形。

是我們擁有的物品，
加上沒有完成、沒空完成
或拖拖拉拉的任務的總和。

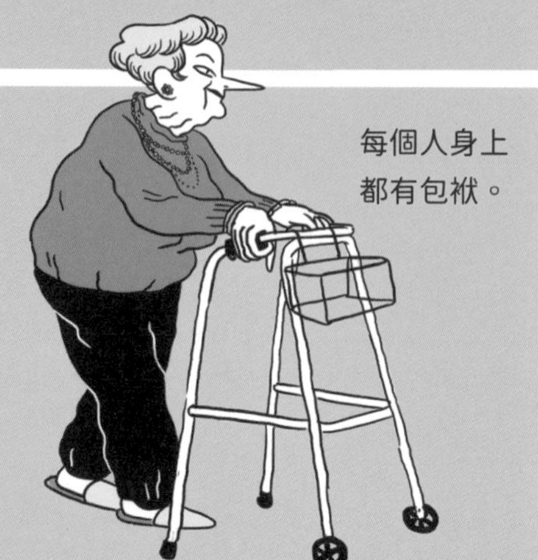

每個人身上
都有包袱。

包袱重重壓著我們，
卻也定義了我們是怎樣的人，

心流 高手都在研究的最優體驗心理學

米哈里．契克森米哈伊◎著｜張瓊懿◎譯

被譽為全球正向心理學研究領航者的契克森米哈伊，在四十年前便觀察到：超過需求門檻以上的物質條件，再多也不會讓人感到更快樂。於是，他開始研究擁有創造力或卓越表現的人們，像是藝術家、科學家、運動員等，試圖理解是什麼驅使他們不以獲取名聲或財富為目的，而為生命意義與價值感行動。

研究發現，當他們從事日後為人稱頌的事務時，往往進入了另一種現實，一種有別於日常活動的精神狀態，在這種狀態中，時間感、存在感皆彷彿暫時消失，人們極度專注並從中獲得喜悅與滿足，如同進入了一種「自動運轉」的模式；這種體驗像是自動流發而來，故稱之「心流」。

在心流中，人們擁有最佳的內在感受。專注，讓他暫時忘卻其他事情，藉以建立意識秩序，自身技能與行動契機得以互相配合；而努力克服挑戰，更往往是最充滿樂趣之刻。本書將帶領讀者走一趟心靈之旅，認識意識的運作，並學會如何駕馭它；控制經驗反應在大腦裡的資訊，進而決定自己人生的樣貌；最終結合所有經驗，打造出有意義的模式，讓人得以駕馭生命，從而感受到它的意義。

真正能夠滿足人心的，是對自己的生命真實感到滿意。

讓更多日常生活進入「心流」，你將擁有更快樂的人生。

出版三十年暢銷不墜，導引心理學、神經醫學、社會學、運動學、人類學、宗教學……各領域的眾多研究，啟迪《刻意練習》、《異數》與《深度工作力》等著作，影響近四十年個人生活優化與文化建構的經典。

掃描這個QR Code
可以下載閱讀
《心流》的
電子試讀本。

掃描這個QR Code可以察看
行路出版的所有書籍，
按電腦版頁面左邊
「訂閱出版社新書快訊」按鍵，
可即時接獲新書訊息。

包括那些
對我們來說
有意義的
東西與習慣，
或至少曾經有意義
卻很難放手、
或不知道該如何處理
的東西與習慣。
或曾經是怎樣的人，
或想成爲卻沒勇氣成爲怎樣的人。

我們浪費很多時間在有形的雜亂上，
收拾、整理、歸位，
讓一切看起來井井有條。

但我覺得，有時候我們好像只是在演戲，
或是在掩蓋一個深藏的祕密。

一個最後肯定會爆發的祕密……

如火山爆發般摧毀一切

咕嚕
咕嚕

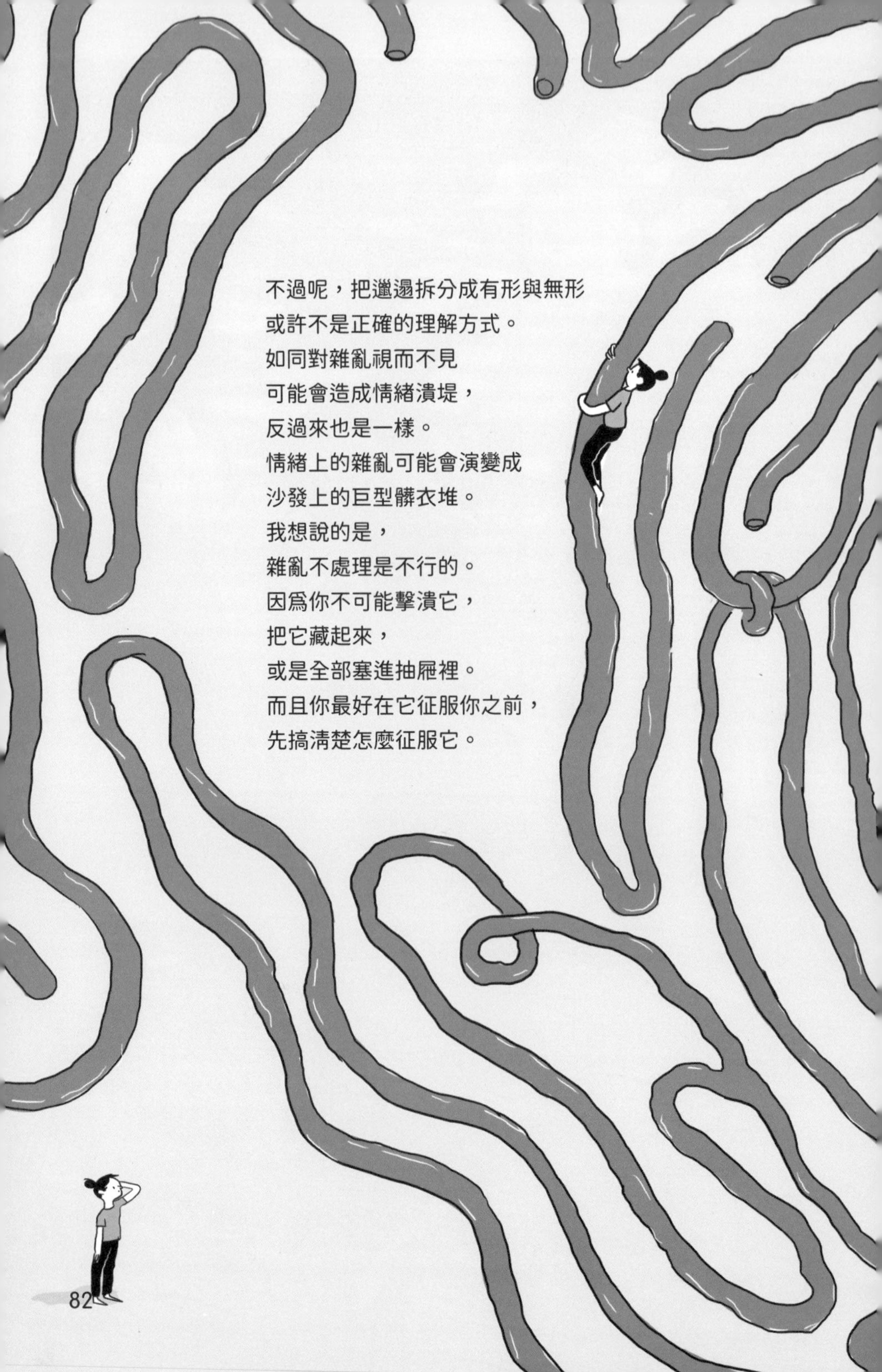

不過呢，把邋遢拆分成有形與無形
或許不是正確的理解方式。
如同對雜亂視而不見
可能會造成情緒潰堤，
反過來也是一樣。
情緒上的雜亂可能會演變成
沙發上的巨型髒衣堆。
我想說的是，
雜亂不處理是不行的。
因爲你不可能擊潰它，
把它藏起來，
或是全部塞進抽屜裡。
而且你最好在它征服你之前，
先搞清楚怎麼征服它。

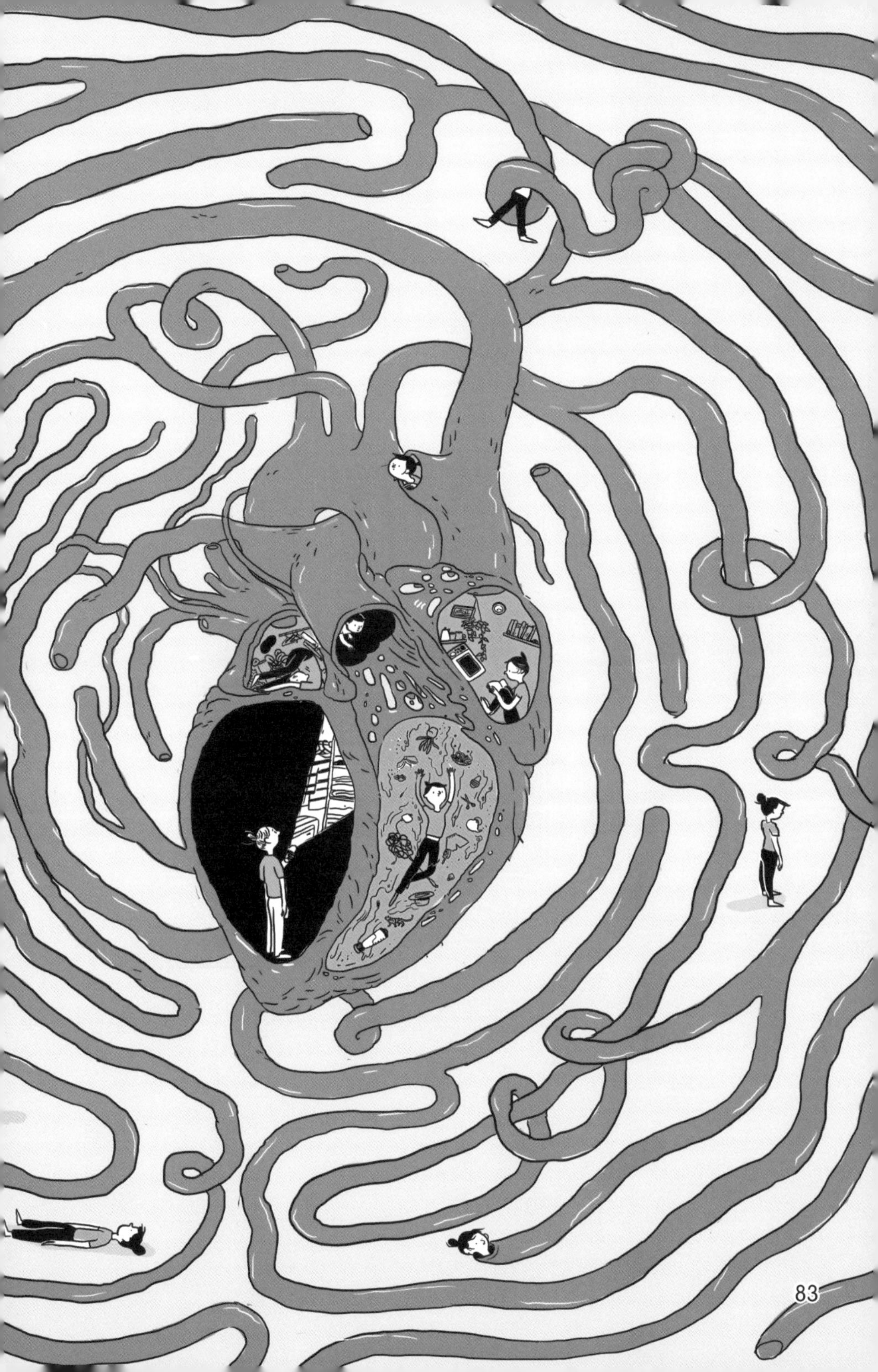

04

如何對付邋遢

（敵人是誰？）

我先快快掃個地！

我們先從有形的邋遢下手

雜亂最大的優勢在於它難以捉摸、狡猾奸詐

……怎麼又髒了，我明明才剛掃完！

接著要收拾毛巾一條、襪子三雙半，還有散落地面總重量五公斤的樂高。

雜亂的第二個優勢在於它是個
永無止盡的可怕循環

完蛋了，
永遠整理
不完！

安啦，
別擔心……

肯定沒問題！

構成這個循環的，是對人類危害最深也最難抵抗的三大缺點：

自信滿滿、拖延怠惰、驚慌失措

雜亂總是始於一種奇怪的自信——
我昨天才清過桌子，現在桌上只有一杯咖啡。
這是我見過最整潔、
最能激發靈感的桌子。
隨著東西愈來愈亂，
邋遢的人依然
懷有「待會兒
就能收拾乾淨」
的錯覺，也就是
等一下再說，
也就是先等我
喝完這杯咖啡。
我們待會兒就能收拾乾淨。
你這麼累，
可以先
喝杯咖啡、
滑滑IG休息一下，
寶貝。
救命啊，來不及了！
我們永遠收拾不完！
必須把杯子全部丟掉！
桌子也一樣！細菌八成
已經蔓延整間房子！
我們搞不好只能
用手接水來喝！
等啊等，再睜開眼時，
一切為時已晚。

爲了打破這個
惡性循環，你必須知道
在你家這個戰場上，
誰是盟友，誰是敵人。

先搞清楚戰場情勢，
才能擬定戰略。

壞人

有些東西顯然屬於反派陣營

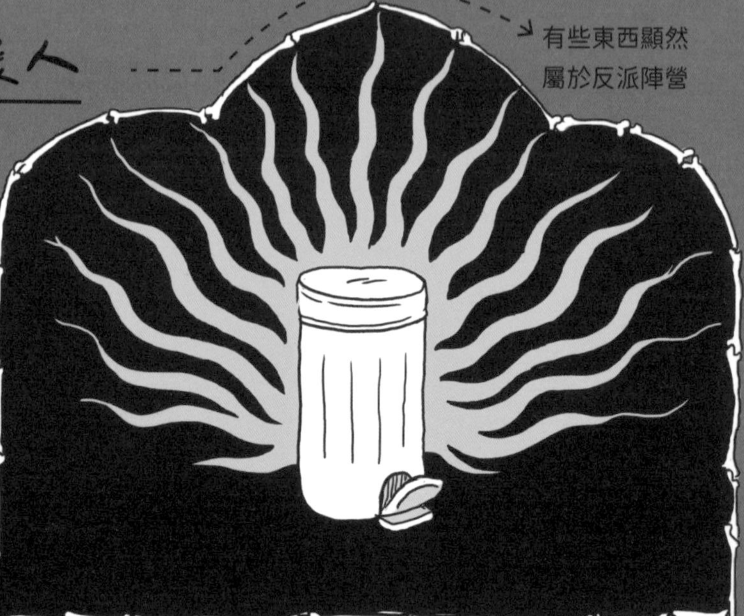

廁所裡的小垃圾桶絕對是家裡的邪惡大魔王。垃圾桶這種東西體型愈小，邪惡指數愈高。由於扔進去的垃圾通常又濕又軟，這種小垃圾桶簡直就是塞滿黏糊糊濕泥的膠囊，大大降低你倒垃圾的動力，大概每半年才倒一次。

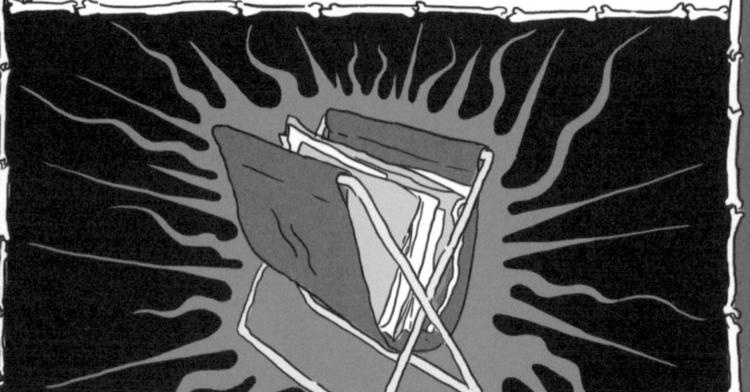

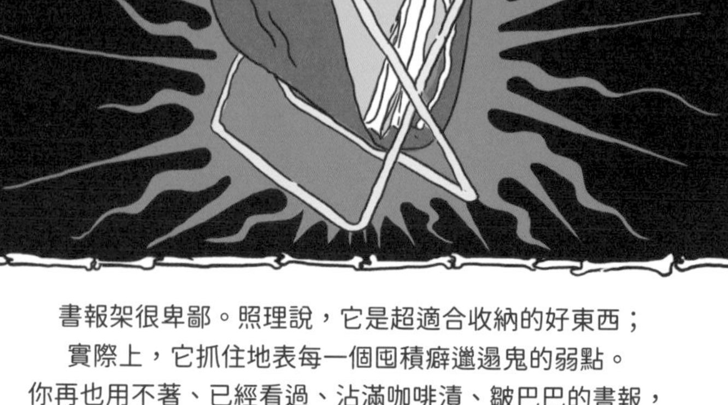

書報架很卑鄙。照理說，它是超適合收納的好東西；實際上，它抓住地表每一個囤積癖邋遢鬼的弱點。你再也用不著、已經看過、沾滿咖啡漬、皺巴巴的書報，扔進這個專屬的收納空間只是剛好而已……

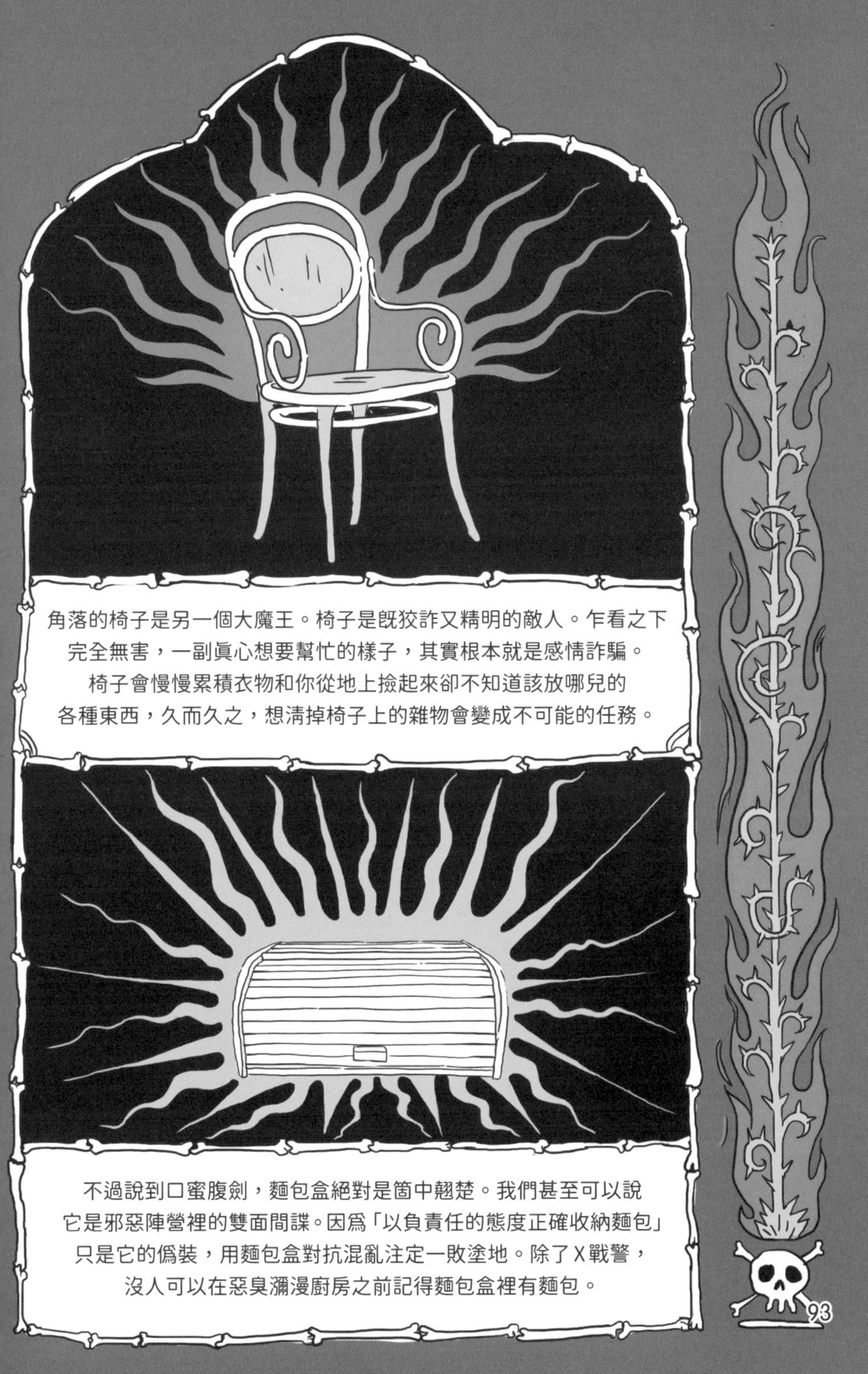
角落的椅子是另一個大魔王。椅子是既狡詐又精明的敵人。乍看之下
完全無害，一副眞心想要幫忙的樣子，其實根本就是感情詐騙。
椅子會慢慢累積衣物和你從地上撿起來卻不知道該放哪兒的
各種東西，久而久之，想清掉椅子上的雜物會變成不可能的任務。
不過說到口蜜腹劍，麵包盒絕對是箇中翹楚。我們甚至可以說
它是邪惡陣營裡的雙面間諜。因爲「以負責任的態度正確收納麵包」
只是它的僞裝，用麵包盒對抗混亂注定一敗塗地。除了X戰警，
沒人可以在惡臭瀰漫廚房之前記得麵包盒裡有麵包。

好人
在所有的居家用品裡，最神聖的寶物非洗碗機莫屬。
它幫你完成你最討厭的洗碗任務，而且在你有空歸位碗盤之前，
它會把碗盤藏得好好的。
刀叉筒屬於同一個騎士團（位階低於洗碗機，因爲你得
先把刀叉洗好才能放進刀叉筒，但你不用親自動手洗，
而且把刀叉留在洗碗機裡也OK。）

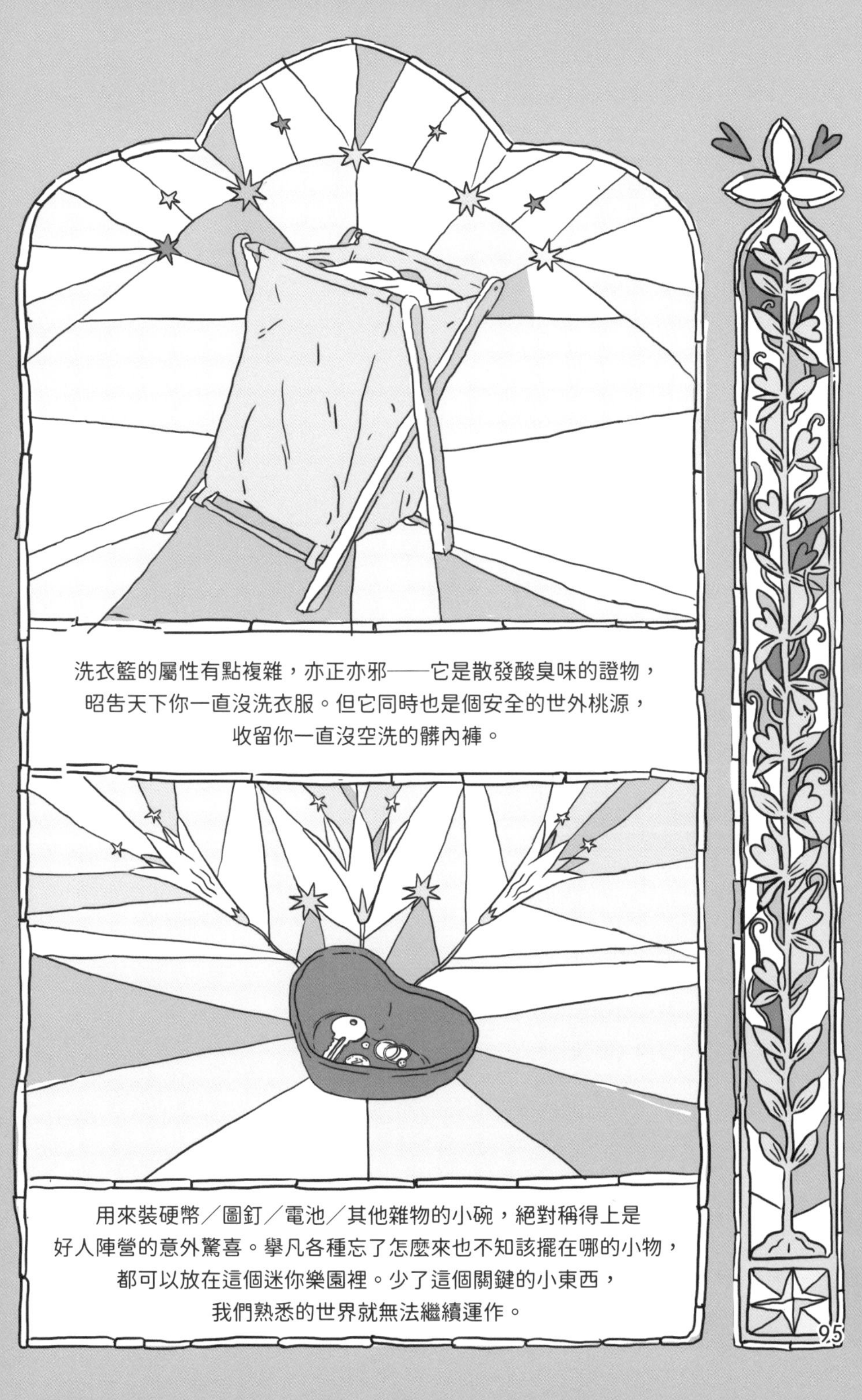
洗衣籃的屬性有點複雜，亦正亦邪——它是散發酸臭味的證物，
昭告天下你一直沒洗衣服。但它同時也是個安全的世外桃源，
收留你一直沒空洗的髒內褲。
用來裝硬幣／圖釘／電池／其他雜物的小碗，絕對稱得上是
好人陣營的意外驚喜。舉凡各種忘了怎麼來也不知該擺在哪的小物，
都可以放在這個迷你樂園裡。少了這個關鍵的小東西，
我們熟悉的世界就無法繼續運作。

認識幾個主角之後，接下來我們要訂立幾條規則，
用最好的方式處理雜亂。
規則共有五條，也可以稱之爲建議。
這五條規則能幫助你反擊（或至少控制）眼前的情況。
你甚至可以說，這五件事能讓你家向雜亂說bye-bye。

規則一：保持平衡

認清你與整齊清潔無緣之後，
你必須學習控制雜亂，與雜亂和平共榮。
如果你已經兩天沒洗碗，水槽裡堆滿髒碗盤，
至少流理台要維持整潔。
如果你已經一週沒洗衣服，
至少把髒衣服收集起來，
整齊堆放在角落的椅子上。
如果你終於洗好衣服，
收下來的衣服扔在沙發上，
至少客廳的地毯要清理乾淨。
保持「髒潔有度」的平衡。

規則二：

直線原理

如果有很多東西散落各處，
你不知道它們從哪兒來、往哪兒去，
就把它們排成一直線吧。
直線能營造一種整齊與控制的感覺。
適用這條規則的東西包括
流理台上裝油的瓶瓶罐罐
（因爲太高，放不進櫃子），
浴室裡的洗髮精（哪怕其中
半數是空瓶也沒關係），
書架上的書，
書桌上的雜物等等。

規則三：

最小公倍數

形狀相似的東西擺在一起。
我知道，油漆刷不應該跟菜刀放在一起，
但是它們的長度跟形狀都差不多呀，
所以放在一起能營造井然有序的假象。
這一招偶爾還能發揮意想不到的效果，
因爲收納的地方實在太瞎了，
反而能讓你記住東西放在哪裡。

規則四：荊棘中的玫瑰

在房裡最顯眼的位置放一個漂亮的東西。
雖然不會帶來任何秩序感，
但是可以增添個性，
展現高尚品味。

規則五：

眼不見爲淨

如果，你已經用盡全力
還是不知道該把東西收在哪裡，
乾脆掃到地毯底下，
塞進櫃子或抽屜裡。
小東西的話，就放進雜物小碗裡。

（加碼送！）

規則五・五：校外教學守則

老師說，參加校外教學時如果跟大家走散了，
留在原地別亂跑。
如果你不想整理，就讓所有的東西都留在原地吧。
有東西不見時，這樣反而比較容易找到（詳見第七章）。

05

無為而治的整理魔法

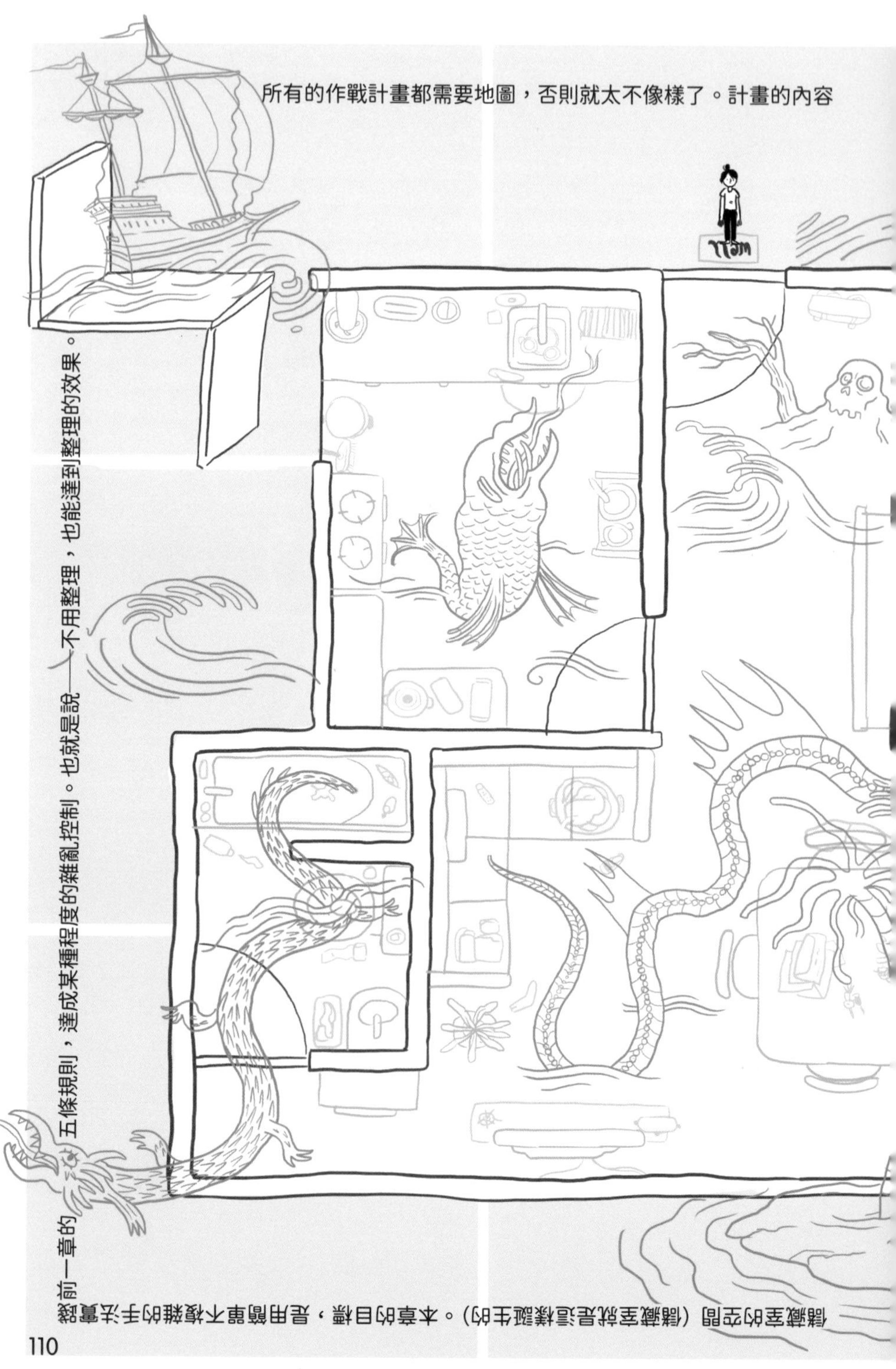

所有的作戰計畫都需要地圖，否則就太不像樣了。計畫的內容

儲藏室的空間（儲藏室就是這樣誕生的）。本章的目標，是用簡單不複雜的手法實踐前一章的五條規則，達成某種程度的雜亂控制。也就是說——不用整理，也能達到整理的效果。

偶爾會修改，但是基本觀念不會改變，因爲每個亂七八糟的家其實都大同小異。雜亂通常會在你日常活動的地方慢慢聚集成形。如果家裡有一個地方特別整潔，八成是沒人使用的空間，或你其實是無魂有體的喪屍，或這裡其實已堆放了大量物品，變成類似

用檔案夾放文件最爲理想，就算文件彼此的
主題毫無關聯，或甚至根本沒有打洞也無所謂。
無為而治的
整理魔法：書桌
把檯燈的
燈光調暗，
就看不清楚
雜亂和灰塵了。
桌曆能營造
專業與秩序
的感覺，
桌曆後面
還能藏東西。
帳單可以放在
電腦螢幕後面。
雖然這樣可能
把忘記繳費的可能
提高到100%，
但是沒有關係。
整理雜亂的電腦
桌面有個小訣竅。
如果沒辦法依照主題
分門別類，可以
開一個新資料夾，
把桌面上的東西
全部扔進去。
喝完咖啡的杯子已在桌上
放了三天，不收也無所謂，
可以充當迷你垃圾桶。
把桌上的削鉛筆屑收集成一小堆，看起來
感覺很整齊。這個原則適用任何碎屑。
待辦事項清單象徵希望，因爲說不定
哪天你會找到動力、完成任務。

轉接頭和充電線
最好別一直插著，
但拔掉特別容易
搞丟。所以呢，
還是留在插座上
比較好。
盆栽枯了不要太快
放棄希望，等它
整株變成黃色再說。
超過一年沒看的文件
應該和更久沒看的
文件放一起。
這表示未來幾年
你肯定不會把它們
拿起來看，但用來
抵抗身爲邋遢鬼的
罪惡感，
這招還不賴。
沒有蓋子的色筆和
麥克筆，放進筆筒
時筆頭請朝下。
雜物和文具排成一直線，
僞裝成文具好夥伴。
紙張、發票、收據疊在一起，
像金字塔一樣小張的在上面、
大張的在下面，營造一種精心排列
的秩序感。這疊紙也可用來遮擋咖啡汙漬。
防爆掩體抽屜。

無法逃脫的書桌煉獄
哈哈！
你扔進杯子裡的
鉛筆屑與葵瓜子
發芽啦。
哇哇！你這
收據寄出得
太遲了。
呵呵！
這份報告的
截止日期
已經過囉。
救命！
我已經在這裡
待了兩年。

我確實建議你根據大小堆疊書桌上的紙。
問題是，你一次次的事務失敗會把這些紙
漸漸變成荒蕪的墳場，或是一座彰顯
你有多不擅長整理與失能的紀念碑。
因此，當這疊紙愈來愈高或是數量倍增的時候，
我的建議是收進抽屜裡或是扔進垃圾桶，
反正現在處理八成也已太遲。

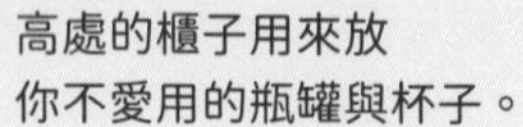

高處的櫃子用來放
你不愛用的瓶罐與杯子。

磁吸刀架非常有用。
不知道該往哪兒放的
金屬物品都可以吸上去。

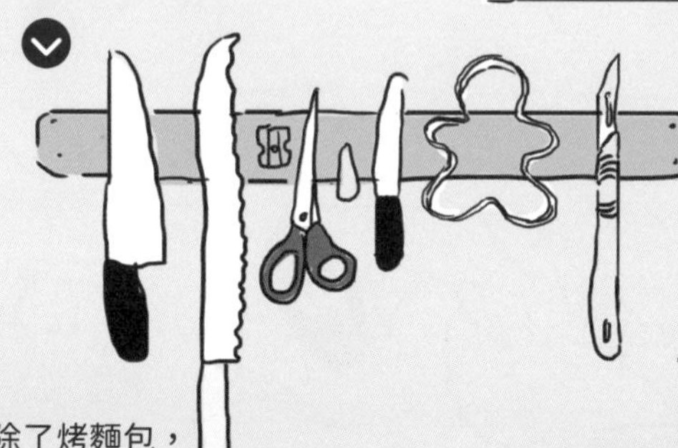

無為而治的整理魔法：廚房

除了烤麵包，
烤麵包機的
主要功能是蓋住
烤麵包時散落在
流理台上的
麵包屑。

熱水壺也是。

這片麵包拿出來
放太久，既不能
收回袋子裡，
又還不到必須
丟掉的程度。
請懷著崇敬的心，
把它放在砧板上。

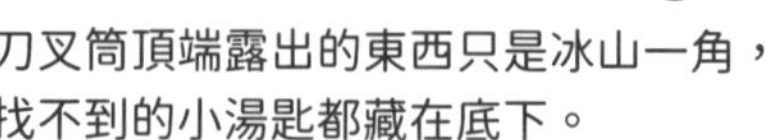

刀叉筒頂端露出的東西只是冰山一角，
找不到的小湯匙都藏在底下。

洗碗機是大家的好朋友。

洗碗精猶如汽油：
雖然看起來快要見底，
總是還能再撐個幾公里。
十月你感冒的
那一週用來泡茶
的茶包還沒扔，
現在已經乾掉，
彷彿伸手一摸
就會碎裂，所以
最好放進茶杯裡
以策安全。
已經用完的廚房紙巾
不知道爲什麼就是
沒丟掉，就把它跟新
的那卷放在一起吧。
半顆檸檬，另外半顆
兩天前用來淋沙拉。
你顯然不會再用
剩下這半顆淋沙拉，
不如把它輕輕
放在茶杯碟上。
只要髒碗盤沒有堆到超出
水槽邊緣，都可以放心的
繼續放入髒碗盤。若要可以
盡量堆久一點，建議用最
不占空間的方式整齊堆疊。
別忘了裝油和香料的
瓶瓶罐罐要排成一直線，
就算裡面有四分之三
是空瓶也沒關係。

無法逃脫的
抽屜煉獄
原則上，
如果不用開火煮飯
也能飽餐一頓，
就不用打開放鍋子的抽屜，
明哲保身。
若你以爲拉開抽屜
就能拿到鍋子，
那可就大錯特錯。
抽屜一拉開，
連最底下的鍋子
也會嘗試脫逃。

因爲當你打開囚禁鍋子的抽屜，
裡面的鍋子會瞬間集體竄逃。
上層的鍋子立刻伸出細瘦的鍋把，
像手臂一樣緊緊抓住抽屜邊緣，
要讓抽屜監獄的大門
再也關不上。
但最慘的情況是，你終於放棄追捕，
把鍋子全部拿出來再一個一個
重新放回去（你別無選擇），
抽屜也大發慈悲、順利關上。
這時才發現有一個
頑強的叛徒躲在後面，
逼得你從頭到尾
再來一次。

無為而治的整理魔法：冰箱（外面）

若想維持
構圖的和諧，
附近店家與
快遞服務的
廣告磁鐵
可放在上方
的角落。
廣告磁鐵的
形狀通常
五花八門，
與方方正正的
照片和繳費單
不搭。

對邋遢鬼來說，
冰箱門是記錄
工作與家庭生活
大小事的地方。

永遠不會去繳的
停車繳費單，
參加婚禮拿到的
照片磁鐵紀念品
（裡面有一半的
新人都離婚了），
既然你什麼都
捨不得丟，不如
用這些廢物
幫冰箱營造
一種秩序感。

孩子的畫作
應輪流展示，
一次只展示
一張，不然
會亂七八糟。

救命！
我已經在這裡
待了兩年。

先依照類型與
共同點來分類。
停車繳費單
排成一排，
然後照片
排成一排。
也可以依照
時間順序排列，
記錄最近的
罰單趨勢。

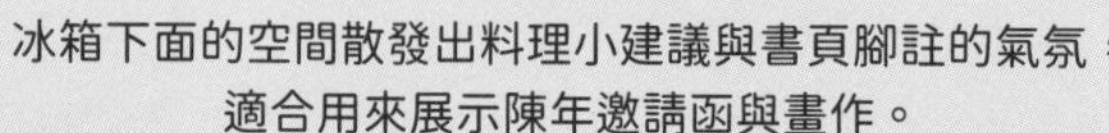

冰箱下面的空間散發出料理小建議與書頁腳註的氣氛，
適合用來展示陳年邀請函與畫作。

冰箱（內部）

把冰箱想像成危險囚犯與動物分層囚禁的空間，東西放進去就別拿出來，只要根據體積大小與「最小公倍數」規則擺放即可。

最上層通常高於視線，最適合放偶爾才需要的東西，或是你視若珍寶、怕別人看到會嫉妒的東西。

冰箱內部請使用「直線原理」——方向改為垂直。

乳酪套房

冰箱裡必備的麵包邊適用於「最小公倍數」這個規則，聚沙成塔、積少成多。

小提醒：冰箱是最能反映個人特質也最私密的空間。打開別人的冰箱等於窺探對方的靈魂深處，或是打開放內衣褲的抽屜。

冰箱最下面的抽屜用法和普通抽屜一樣：把你現在還不想處理的東西藏進去。

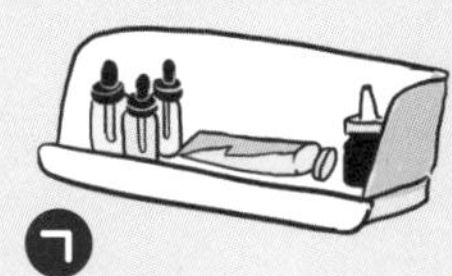

藥品層架

舶來品層架：各式醬料，因為你有一陣子熱衷於調味實驗。

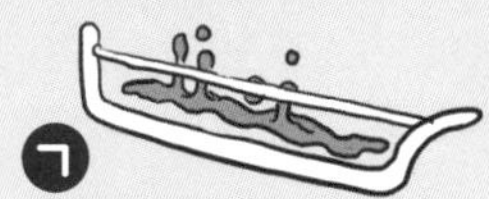

黏踢踢層架。有東西灑出來流到層架上，發酵後與層架融為一體。

（相對）實用層架。有一盒幾乎全空的牛奶，還有2006年跨年時沒喝完的香檳。

至於冷凍庫，我最好的建議是盡量保持清空。冷凍庫是真正的雜亂黑洞，也是地球上碩果僅存、冰塊不會融化的地方。冷凍庫裡只放製冰盒就好（當然你從來不記得給它加水）。

無法逃脫的冰箱煉獄

整理冰箱不僅考驗整理功力，也考驗伴侶之間的感情。誰該負責拿出在冰箱裡茁壯的毛怪，討論這種事會暴露出一段感情的好與壞。甚至有人說，冰箱裡累積的黴菌分布圖能與一段感情的星盤圖完全吻合，但建議不要輕易驗證。

已經冰了一個月。
我要用那個鍋子燉菜。
把鍋子從冰箱裡拿出來的最佳時機，
是需要用鍋子做其他事的時候，或是裡面的黴菌演化到
跨越動植物的界線，成爲有智慧的生物時。
它對我眨眼呢！
告訴孩子們，
我也很愛它們。

無為而治的整理魔法：客廳

客廳藏著家裡最不爲人知的祕密，沙發是主要原因。沙發是家裡的社交中心，也是展現美感的重點區域。但沙發同時也像個黑洞，吞噬藏匿難以計數的硬幣、食物碎屑、倒楣的玩具。

表面上看起來，沙發柔軟舒適、
潔淨無瑕。實則暗藏一個平行宇宙，
一個充滿髒汙的王國，
遺失小物的地獄。正因如此，
沙發需要擺滿漂亮的抱枕。

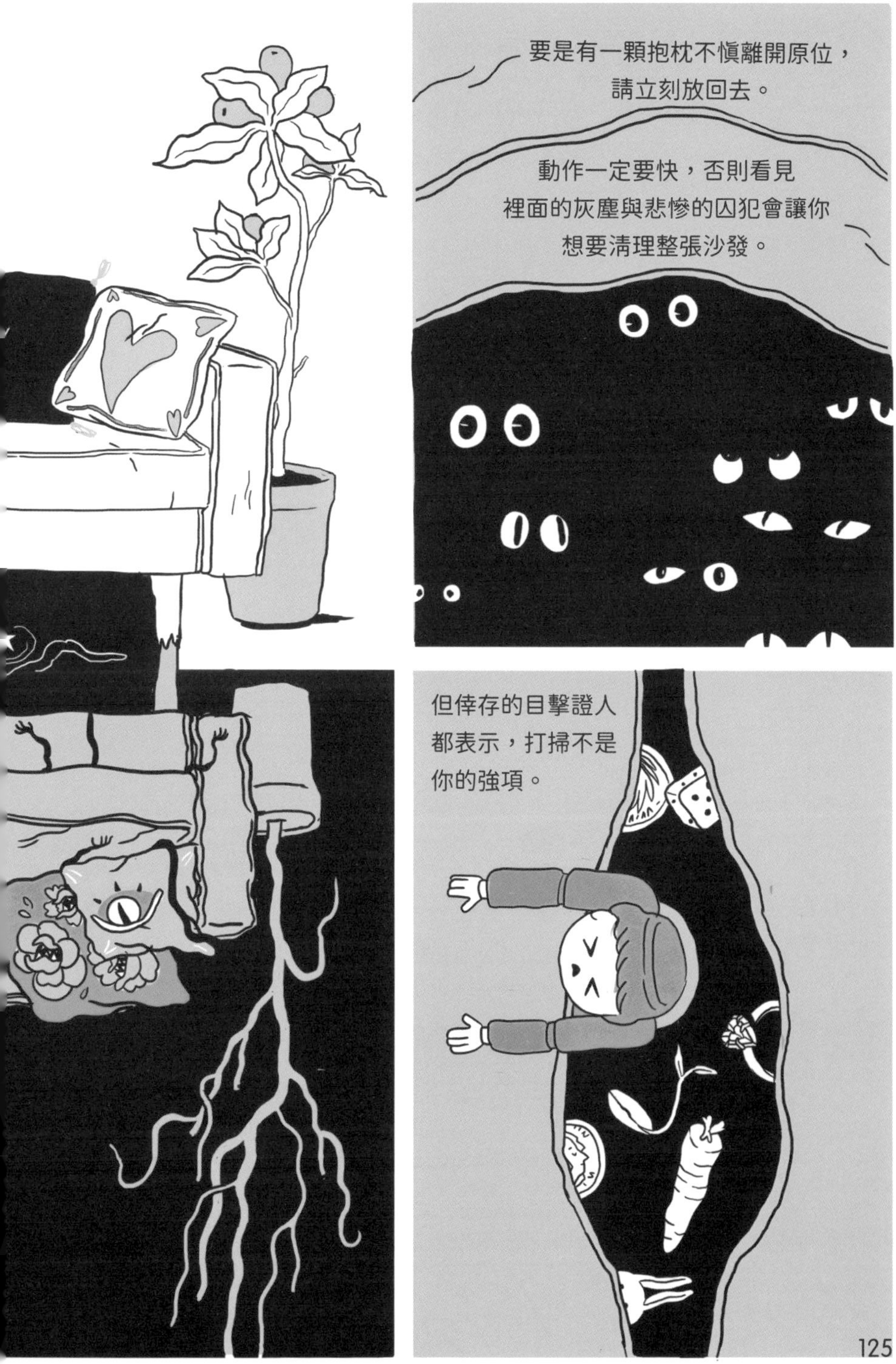

要是有一顆抱枕不慎離開原位，
請立刻放回去。
動作一定要快，否則看見
裡面的灰塵與悲慘的囚犯會讓你
想要清理整張沙發。

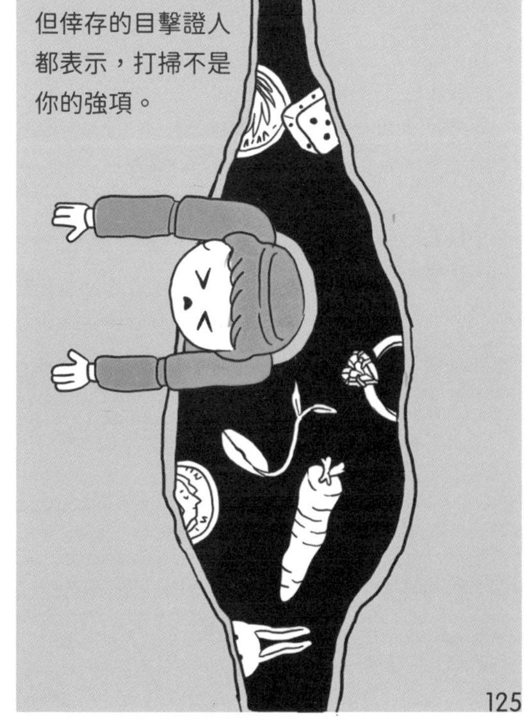
但倖存的目擊證人
都表示，打掃不是
你的強項。

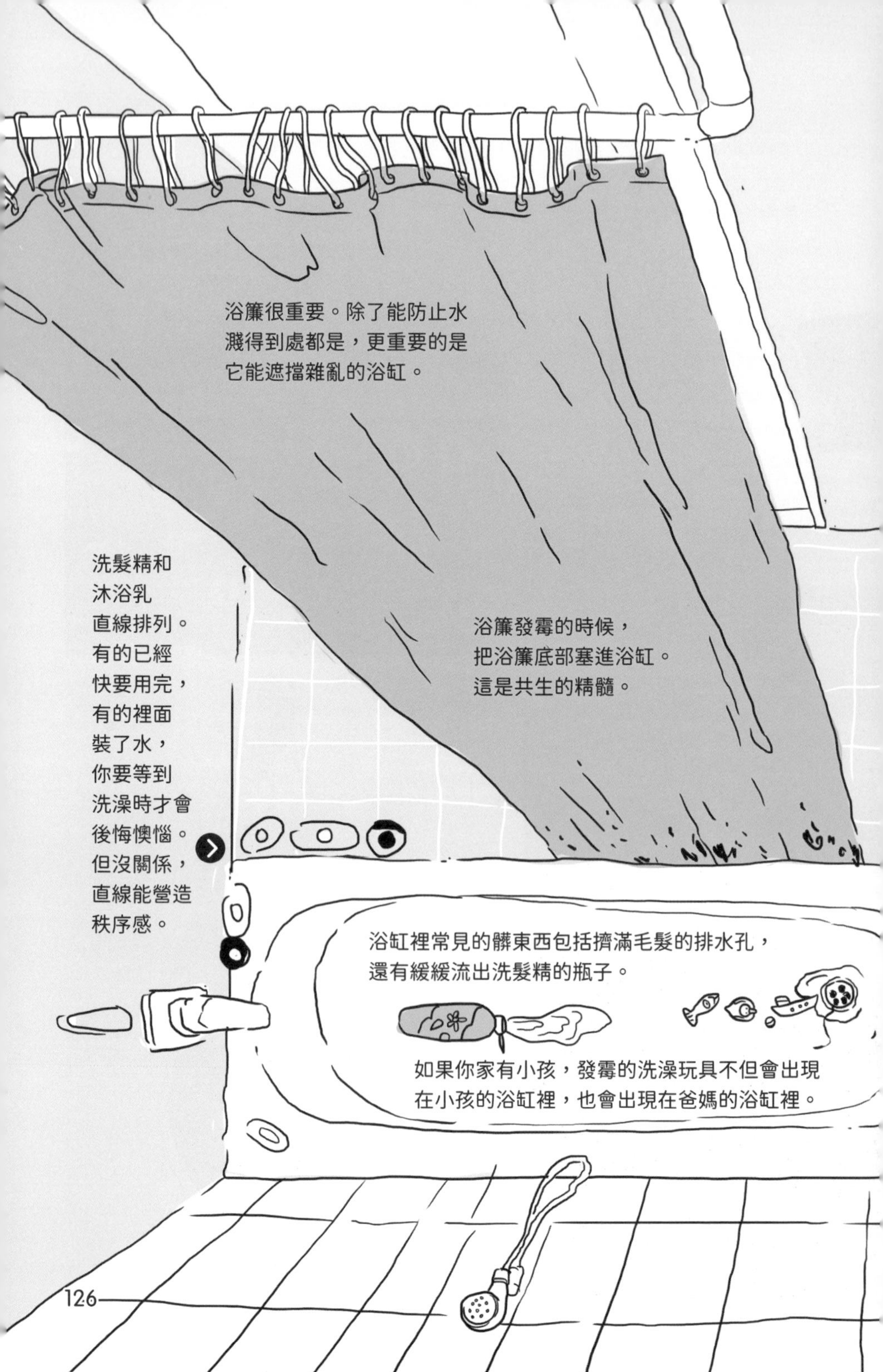
浴簾很重要。除了能防止水
濺得到處都是，更重要的是
它能遮擋雜亂的浴缸。
洗髮精和
沐浴乳
直線排列。
有的已經
快要用完，
有的裡面
裝了水，
你要等到
洗澡時才會
後悔懊惱。
但沒關係，
直線能營造
秩序感。
浴簾發霉的時候，
把浴簾底部塞進浴缸。
這是共生的精髓。
浴缸裡常見的髒東西包括擠滿毛髮的排水孔，
還有緩緩流出洗髮精的瓶子。
如果你家有小孩，發霉的洗澡玩具不但會出現
在小孩的浴缸裡，也會出現在爸媽的浴缸裡。

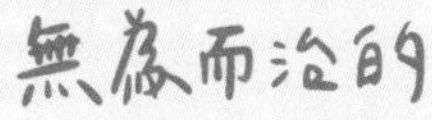

無為而治的整理魔法：浴室

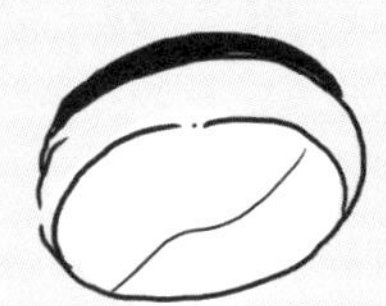

浴室裡的小櫃子
功能與抽屜雷同。
能藏多少東西，
就藏多少東西。

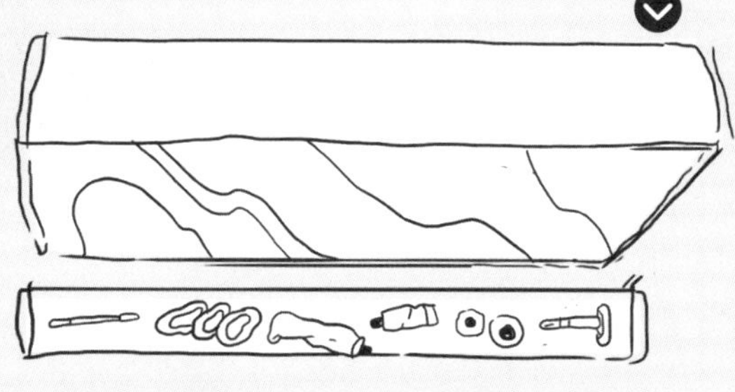

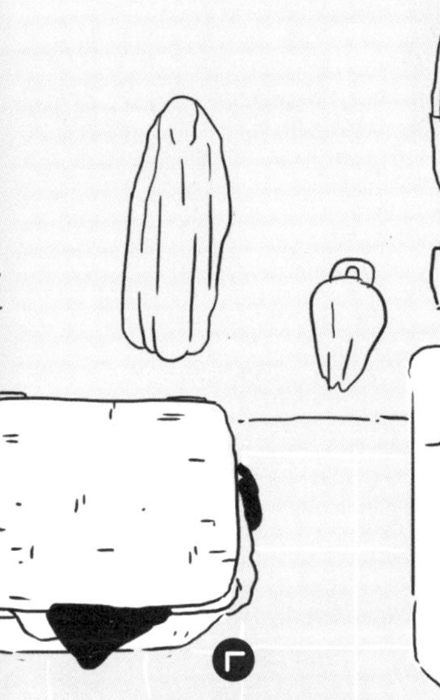

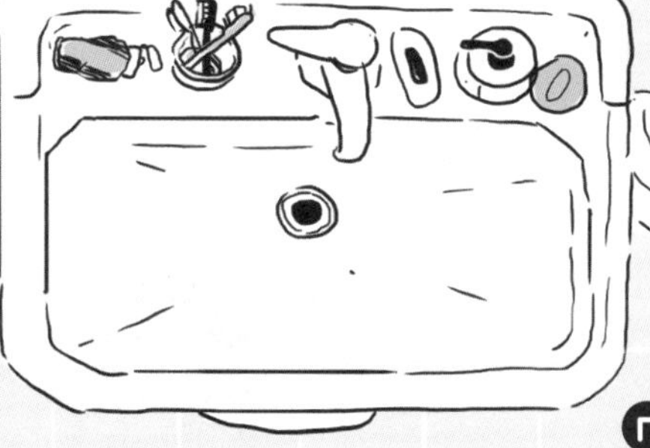

浴室特別適合「荊棘中的玫瑰」規則。重點區域盡量用能夠傳達「潔淨」的東西，假裝你很注重潔淨。例如：使用吊掛式的浴廁芳香劑，就是那種讓人很難判斷它到底是飾品還是有實際功能的小物。

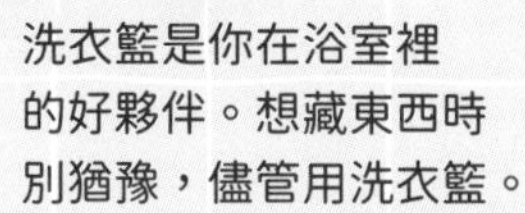

洗衣籃是你在浴室裡的好夥伴。想藏東西時別猶豫，儘管用洗衣籃。

浴室洗手台的問題在於能使用的收納面積很小。可以把東西放進杯子裡，以「最小公倍數」規則收納。

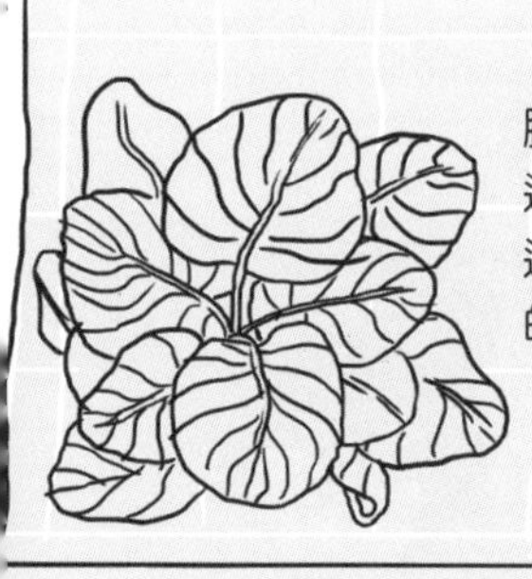

腳踏墊給人一種安心感，還能蓋住汙垢，遮住地上的牙膏漬。

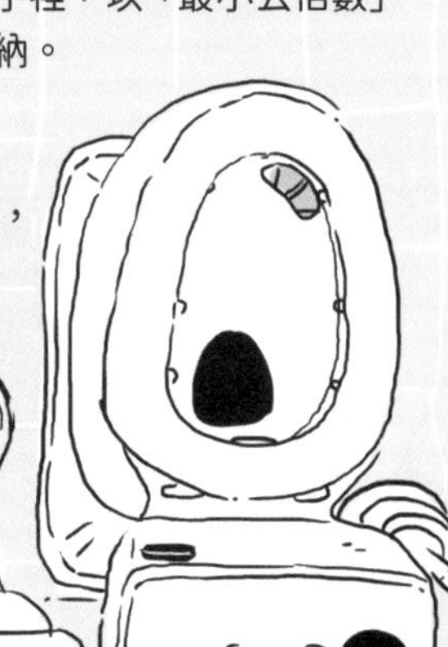

不起眼的浴室垃圾桶可以藏在馬桶後面。眼不見爲淨。

無法逃脫的
浴室煉獄
洗澡讓你以爲自己活力滿滿，果敢決斷。
等我洗好澡
就去繳超速罰單！
然後去洗碗，
再預約皮膚科診所。
我還要把該回的email
全部回完。
天啊！我想出解決氣候
危機的好方法！
沒有任何事
難得倒我！

洗澡讓你以爲
自己活力滿滿，
果敢決斷。
忽然之間，所有的問題
都成了小問題，可以輕鬆
搞定。所有的想法都顯得
創意十足、
獨步全球。
我會冷靜地
告訴老闆，
如果不加薪，
我就要辭職！
問題是，洗澡
總有結束的時候。
唉，好累唷。我要去睡了。

無為而治的整理魔法：小孩房

注意，用無爲而治的方法整理小孩房有點困難。小孩房本來就很難整理……不要整理最好。據說雜亂對孩子發揮創意或學習獨立或諸如此類的事來說非常重要。

希臘神話裡有個整理狂女孩，叫潘朵拉。
她不知道用盒子收納物品的眞諦，
以爲用一個Ikea襪子收納盒就能安放一切，
結果害這個世界充滿悲劇、疾病、混亂。

＊譯註：潘朵拉的盒子（Pandora's box）源自希臘神話，宙斯將一個盒子交給潘朵拉並囑咐她千萬不能打開。潘朵拉出於好奇打開盒子，結果將各種不幸、苦難、邪惡釋放到人間。（Wikipedia）

有人說薛西弗斯＊原本的懲罰是
整理小孩的房間。這個懲罰太過殘酷，
所以諸神大發慈悲，改罰他在冥界反覆
推巨石上山，永無止境。

＊譯註：Sisyphus。因為欺騙冥王黑帝斯（Hades）而遭受懲罰。

06

整理達人 vs. 邋遢鬼

本章要討論光芒耀眼的一群神：整理達人。我不討厭整理狂。我有幾個好朋友是整理狂。我只是非常嫉妒他們。因爲在我眼中，他們是整齊清潔、處事有方、近乎理想的人生典範。或許從我的角度（也就是從堆滿髒衣服的沙發上）看過去，整理達人碰過的東西總是乾淨閃亮，做什麼事都快速俐落。他們似乎對整理收納很有見解，能提供許多訣竅。

當然，我指的不是他們不會偶爾感到迷惘、無助或亂糟糟。但整理達人能夠以系統化的方式做事，而且他們對井井有條以外的其他作法感到不解，這種高高在上的不解可以濃縮成幾句話：「這很難嗎？只要把每樣東西都物歸原位，就不會找不到了。」

當然，整理達人也和邋遢鬼一樣有多種樣貌。
這個限制資格的菁英俱樂部裡，也存在著階級與地位。

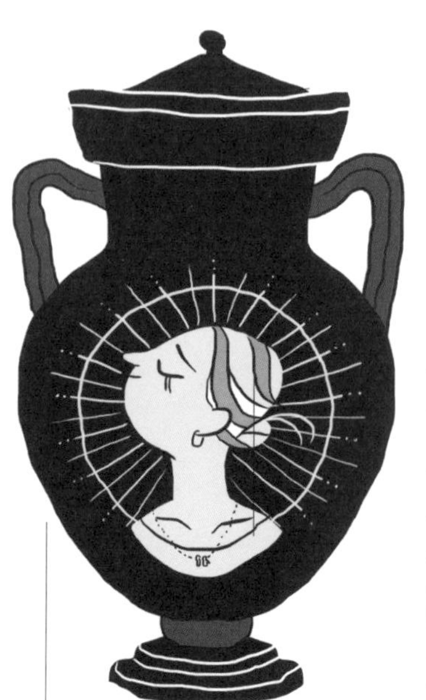

後天養成型
整潔不是這些人與生俱來的特質，但是對他們來說是大事（可能是從小養成的習慣），他們投注大量精神整理收納，所以沒有太多力氣和耐性做別的事情。

香噴噴型
散發個人風格的整潔——不僅實用，更是一種藝術展現。他們用可愛的小籃子裝毛巾、乾燥花與各式各樣應該放在可愛小籃子裡的東西。所到之處都會留下香草洗髮精的清新香氣。即使到了下午三點也一樣香味撲鼻。

天生好手型
這個階級天生擅長整理與規劃。他們的行事曆會用不同顏色標注商務會議、家庭活動與小孩的遊戲聚會。因爲整理對他們來說不費吹灰之力，所以他們每天都活力四射、神采奕奕。

改邪歸正型

原本很邋遢，現在重新做（整潔的）人。總是想要說服你一起改邪歸正，去Ikea買有隔板的襪子收納抽屜，而且總是記得你上一次是在哪兒看見你家鑰匙。

深藏不露型

從外表看不出他們是整理達人，因爲他們看起來很普通。直到你有機會在職場／學校／社交活動／幼兒園派對與他們合作，或是看見他們把食物切成非常、非常一致的大小。

心有不甘型

整潔人設岌岌可危。他們受夠了現代社會要求的秩序與整潔，距離跨到邋遢界僅剩一步之遙。很愛把改變他們人生的整理收納書籍推薦給別人（顯然不是這本……）

邋遢的人不會從一而終，偶爾會轉換類型。整理達人的整潔則是始終如一。

老實說，我很討厭整理達人，
至少有一點點討厭。
我知道我不用跟他們比較，
卻又很難不比較。
而且愈想就會愈覺得不公平。
無論任何時間
任何情境
或是任何挑戰……

整理達人
都享有一種
獨特優勢
這是無法撼動
的事實。

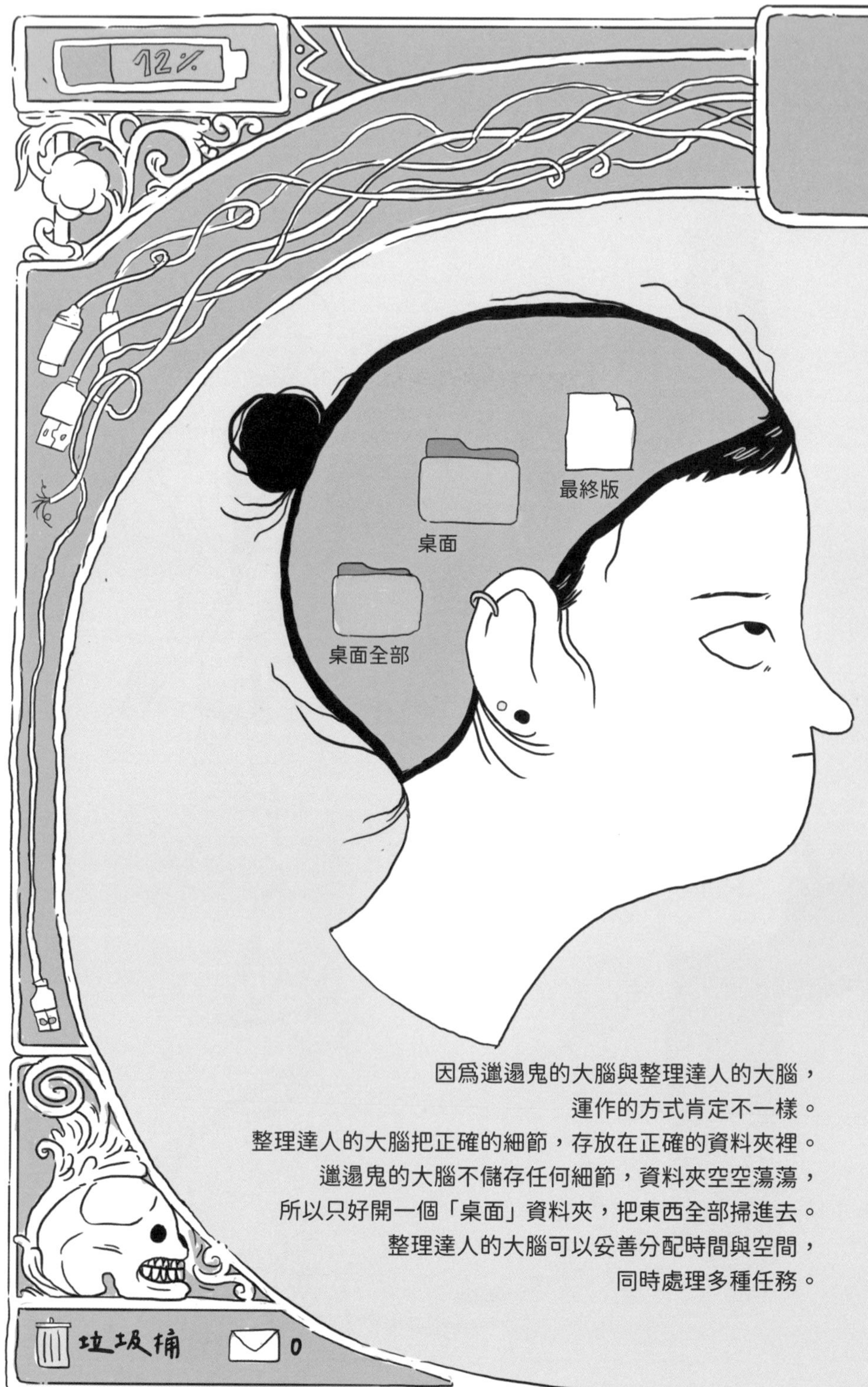
12%
最終版
桌面
桌面全部
因爲邋遢鬼的大腦與整理達人的大腦，
運作的方式肯定不一樣。
整理達人的大腦把正確的細節，存放在正確的資料夾裡。
邋遢鬼的大腦不儲存任何細節，資料夾空空蕩蕩，
所以只好開一個「桌面」資料夾，把東西全部掃進去。
整理達人的大腦可以妥善分配時間與空間，
同時處理多種任務。
垃圾桶
0

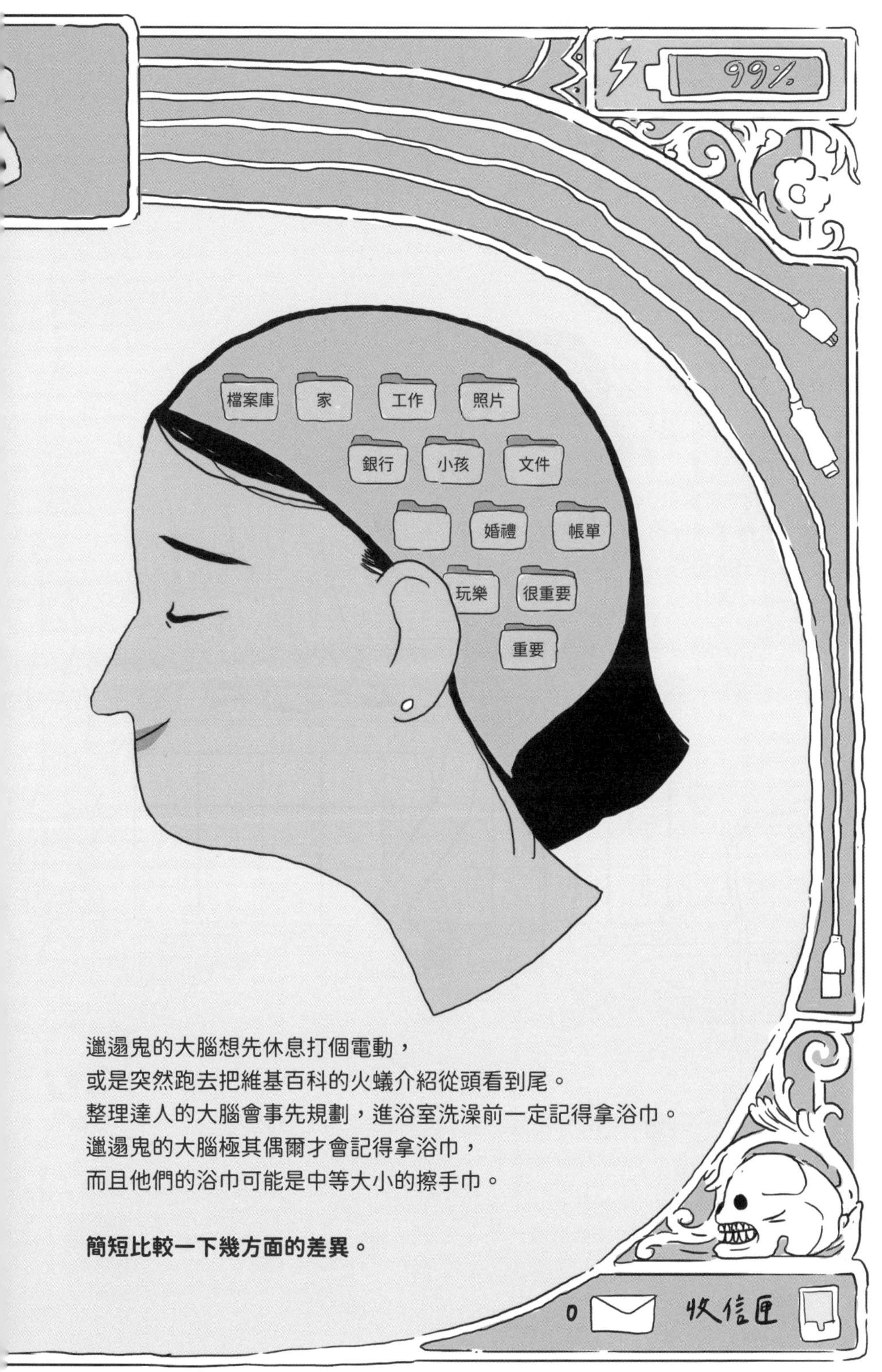

邋遢鬼的大腦想先休息打個電動，
或是突然跑去把維基百科的火蟻介紹從頭看到尾。
整理達人的大腦會事先規劃，進浴室洗澡前一定記得拿浴巾。
邋遢鬼的大腦極其偶爾才會記得拿浴巾，
而且他們的浴巾可能是中等大小的擦手巾。

簡短比較一下幾方面的差異。

浴室
浴簾老是往身上飄，在你想不到的時候貼上你
(通常是在熱水終於變熱的時候)。
不記得開熱水器。
沒有洗髮精。
(洗髮精的瓶子
拿起來感覺很滿
其實裡面裝的
是水，而且水
已經結冰！)
瓶子倒在
浴缸邊上。
浴巾太小。
地板太滑。
地上有幾撮長長的毛髮，
看起來正在密謀塞住排水孔。
淋浴軟管和蓮蓬頭總是無法密合，洗澡時會有
小水柱從縫隙噴出，水花四濺，十分惱人。
半年前就已經用完的那條牙膏，
不知道為什麼一直可以
擠出牙膏。這是個奇蹟！

熱水器早已設定時間，會在起床前30分鐘開始加熱，一起床就能洗澡，神清氣爽。
另一個預設加熱的時間是傍晚下班回到家的30分鐘之前。

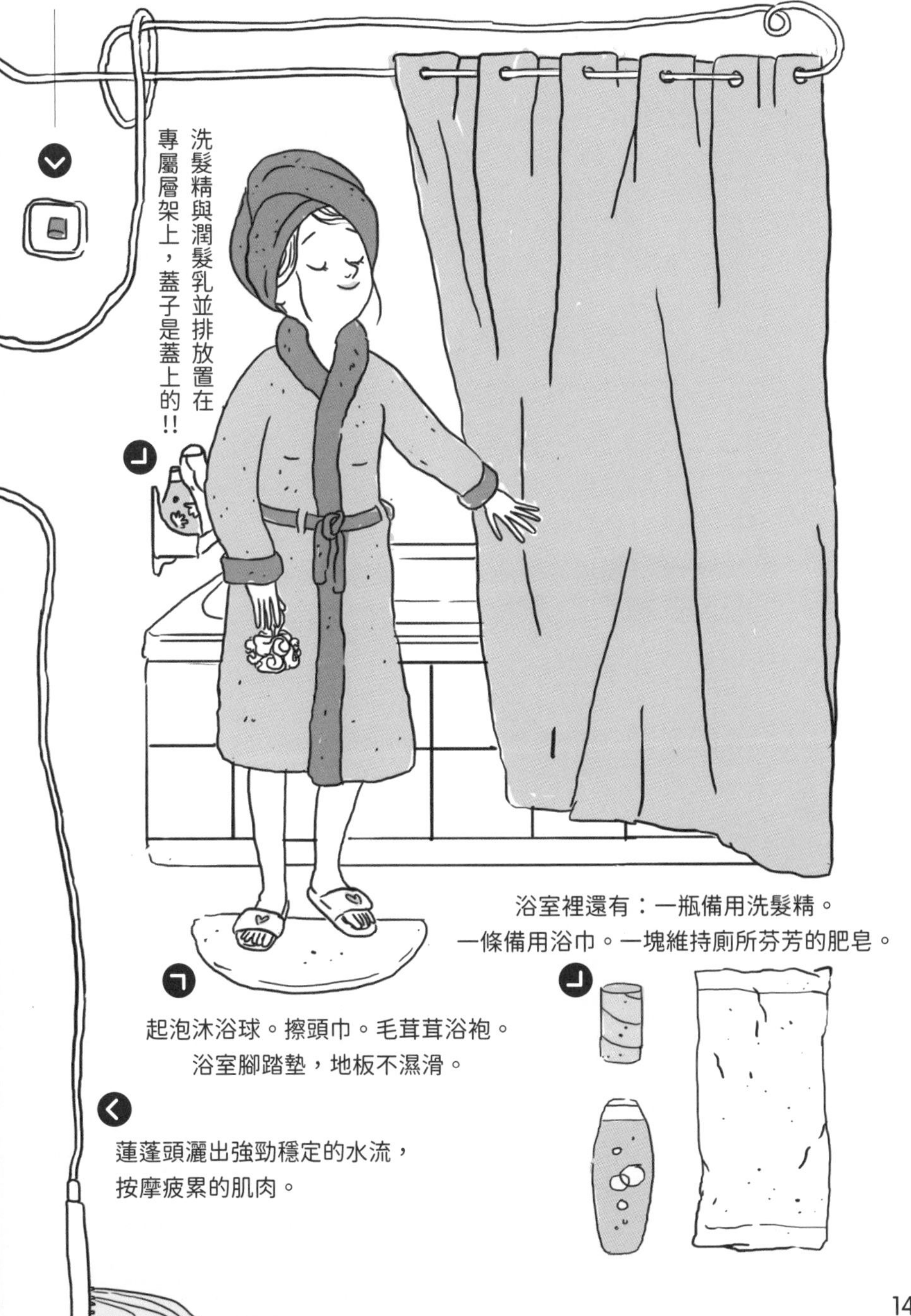

家族聚餐
整理達人擅長安排座位。而且所有盤子都是相同花色，並使用同款的刀叉組。
整理達人還會用一種叫做桌旗的東西。沒人知道它的真實用途，以及它為什麼會出現在這世上。說不定只是因為某人裁量布料時沒量準，剩下一條廢布，結果這條廢布現在成了時尚潮流。

整理達人的廚房配件種類齊全，邋遢鬼望塵莫及，例如：啤酒開瓶器、餐巾環、乳酪叉，還有那種圓圓的小湯匙，看起來像幫遺體防腐的工具，其實是用來挖西瓜球。

整理達人也和邋遢鬼擁有一樣的盤子，但是他們一定記得盤子放在哪兒，需要用盤子時不會找不到。同樣的情況也適用於沙拉夾、隔熱手套、放熱鍋的隔熱墊（邊邊有燒焦痕跡的毛巾不算是隔熱墊）。

清單

井然有序的生活豈能少了清單。寫清單如同儀式，甚至有種神祕力量。你寫下來的事情真的會發生！我的意思是，如果你是個整理達人的話。整理達人寫清單時，會使用：

放在固定位置（也就是手提袋裡專門放筆的內袋）的某枝筆。

清單專屬筆記本。

當然，他們會在清單上的已完成事項旁打勾勾。（我指的是真的已經完成……只做一半的不算，例如打電話但是對方沒有接。）

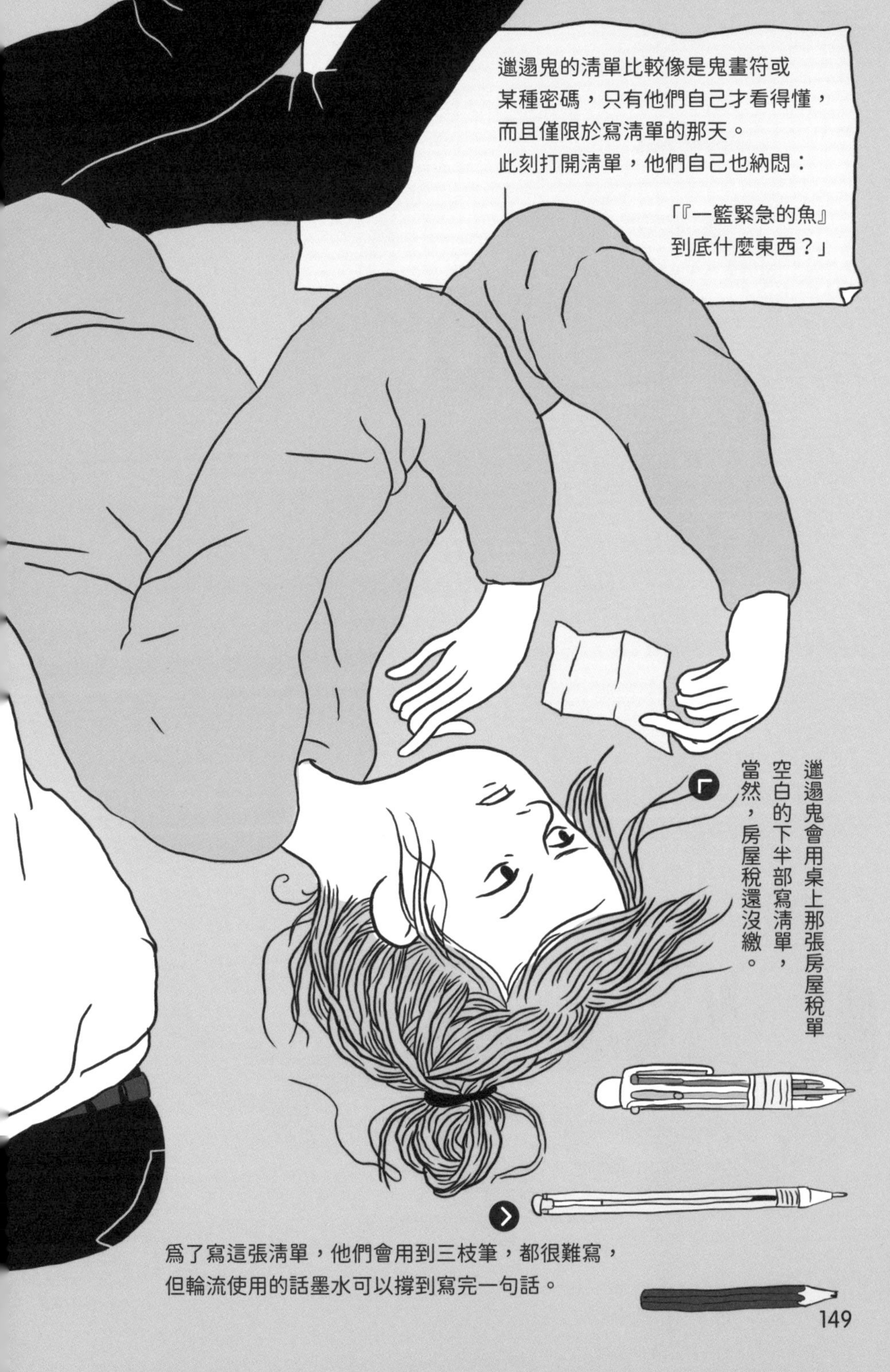
邋遢鬼的清單比較像是鬼畫符或
某種密碼，只有他們自己才看得懂，
而且僅限於寫清單的那天。
此刻打開清單，他們自己也納悶：
「『一籃緊急的魚』
到底什麼東西？」
邋遢鬼會用桌上那張房屋稅單
空白的下半部寫清單，
當然，房屋稅還沒繳。
爲了寫這張清單，他們會用到三枝筆，都很難寫，
但輪流使用的話墨水可以撐到寫完一句話。

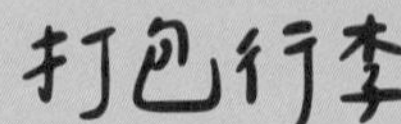

整理達人的行李反映出目的地、天氣、旅行天數、刷牙的重要性。

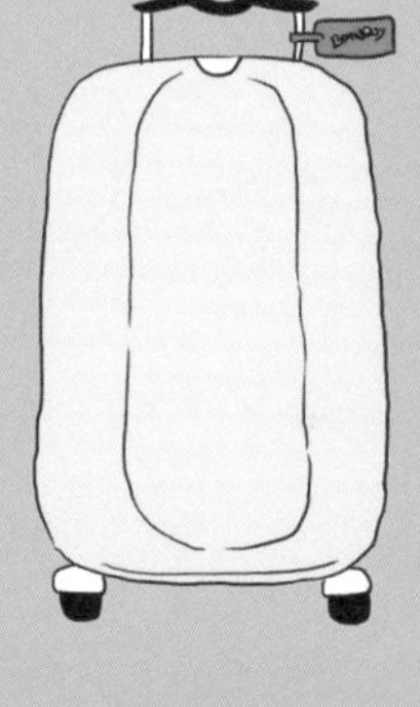

一抵達目的地就打開行李箱，把東西放在專屬的層架上，離開之前再一一收回行李箱。當然，他們回到家的兩個小時內，所有衣物都會回到衣櫃裡原本的位置。

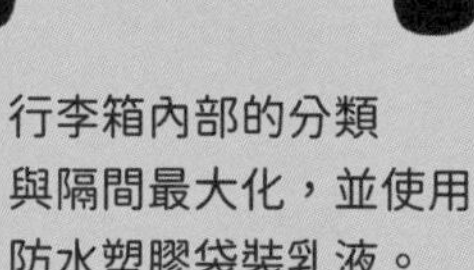

行李箱內部的分類與隔間最大化，並使用防水塑膠袋裝乳液。

雖然有點多此一舉，但在此我還是提一下。整理達人度假幾天就會帶幾條內褲，度假時需要用到的東西也遵循相同原則。

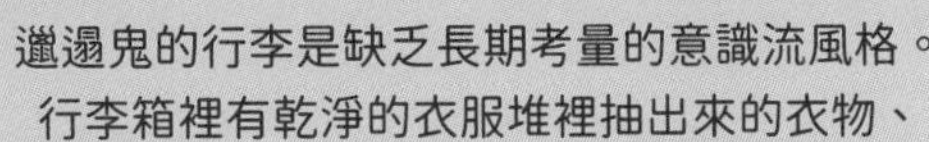

邋遢鬼的行李是缺乏長期考量的意識流風格。
行李箱裡有乾淨的衣服堆裡抽出來的衣物、
一本書、一個化妝包，化妝包裡有一條
蓋子沒蓋緊的牙膏。

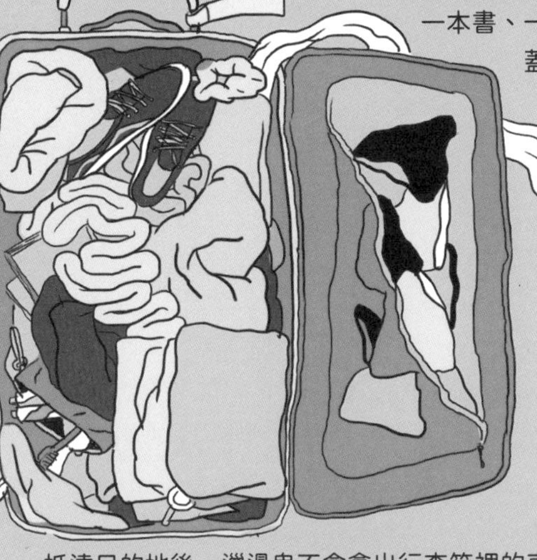

回到家之後，
行李箱會維持
原樣一、兩週
(除了還沒乾透的
化妝包之外)。

抵達目的地後，邋遢鬼不會拿出行李箱裡的東西，
旅遊期間行李箱狀態不變，充當行動衣櫃。
除了化妝包之外。化妝包必須清理，
因爲裡面的牙膏沒蓋緊，
在化妝包裡爆開。

有人說，時間膠囊就是這樣發明出來的。
可以說，邋遢鬼的行李箱對考古學的巨大貢獻可追溯到青銅器時代。

四季
邋遢鬼不喜歡出乎意料的變化（而他們碰到的變化大多出乎意料，因爲他們不一定會看訊息，也不一定記得行事曆的內容）。因此，他們總是對季節的變化感到意外。井井有條的整理達人沒有這種問題，在這方面他們享有明顯優勢。
「又改成夏令時間？？？你確定嗎？我們多了一小時？我去年好像也沒有調整我家的指針時鐘，結果整個夏天都得自己在心裡多加一小時。」
「我有種虧了一小時的感覺。」
「有聽說今天會下雨嗎？？？沒有吧！我才剛晾好衣服！」
「畢竟現在是二月中呢。」

「你這表情是怎麼回事？」
「因爲我忘了
帶墨鏡跟水壺，
還有毛巾。而且我全身
都是沙子，也沒想到
今天會這麼熱。」
身爲邋遢鬼的唯一優勢，是衣櫃裡
永遠都有夏季和冬季的衣服。
「眞討厭，
我才剛把
冬天的衣服
收起來。」
「哈，我的衣櫃
從來不換季。」

浴室裡的小櫃子

整理達人的浴室櫃子麻雀雖小，五臟俱全。打理個人衛生與妝容所需要的各種物品都找得到。當然，裡面也有急救藥品專區。面面俱到的整理達人，也會幫每樣工具準備多種選擇。

牙籤

牙線

牙線棒

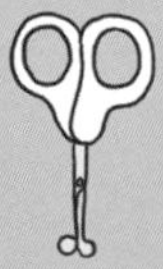

圓頭指甲剪

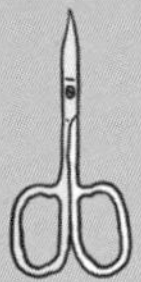

尖頭指甲剪

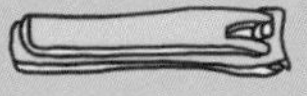

堅硬指甲用的指甲剪

當然，還有一條備用牙膏。

邋遢鬼的浴室櫃是
傳統藥局和女巫藥櫃的綜合體。

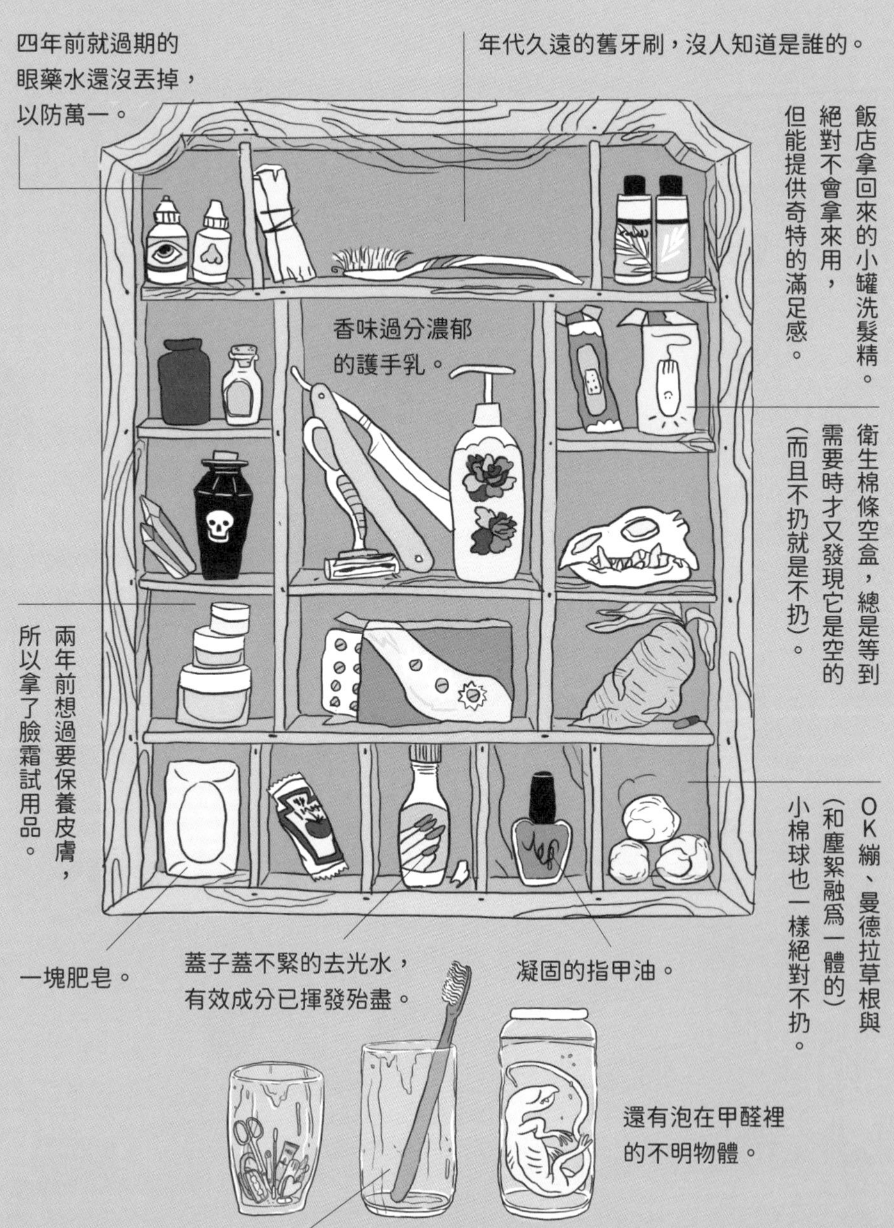

邋遢得很徹底的人也有一隻黏在漱口杯底的牙刷，而且漱口杯上積滿水垢。

臥室

睡眠是每天最重要的事，臥室是睡眠的聖殿。因此整理達人的臥室主要就是用來睡覺，而邋遢鬼的臥室——有點難說。

對邋遢鬼來說，臥室更像是一個大衣櫃。

他們的臥室地板上有很多衣服，床底下有很多雜物，床上也有很多雜物，還有一隻拖鞋。

據說床底下有怪物的傳說，正是起源於邋遢鬼的臥室。

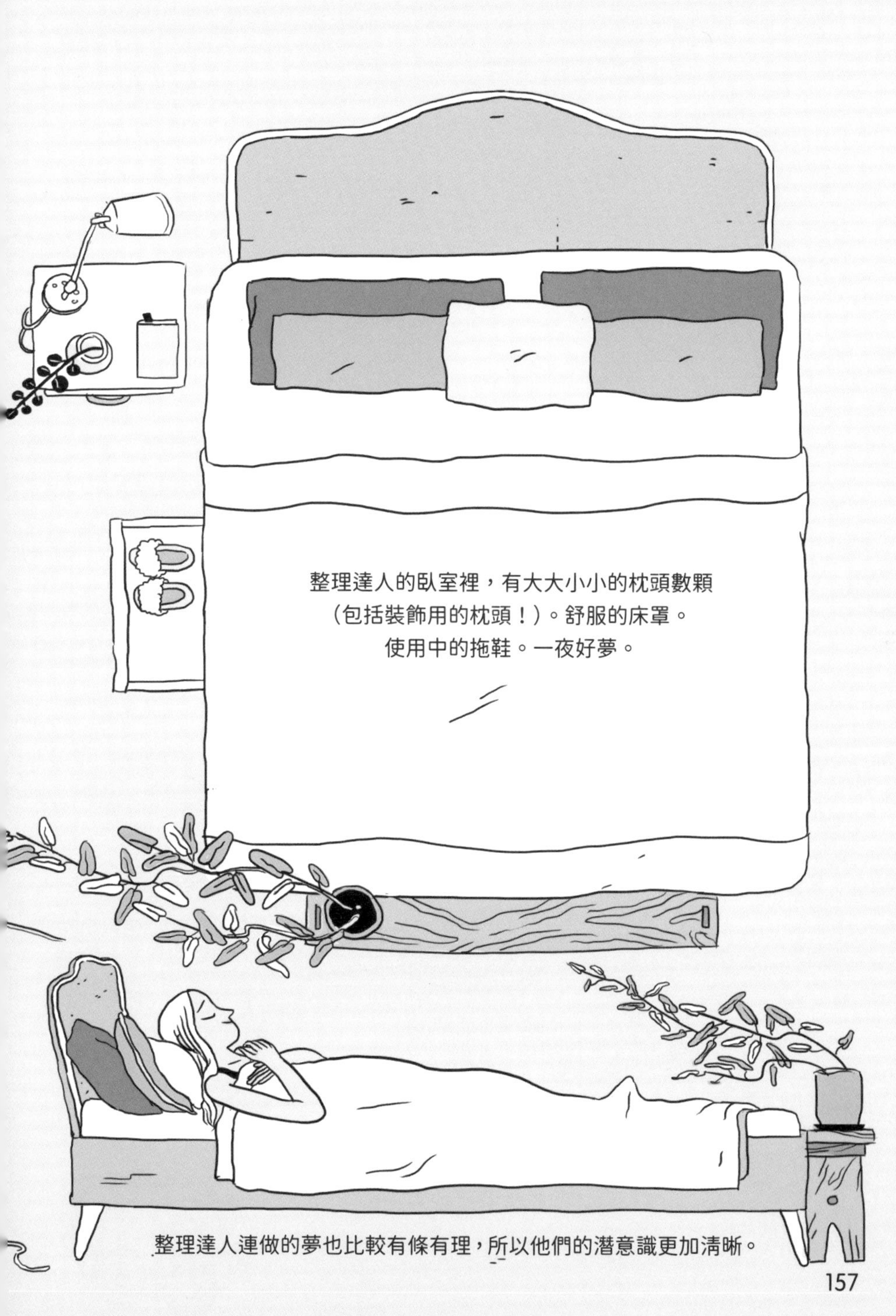

整理達人連做的夢也比較有條有理，所以他們的潛意識更加清晰。

育兒

姑且不論育兒方法會不會影響孩子的身心健康，
也不討論小孩是不是髒亂的生物（是）。
可以肯定的是，整理達人帶孩子和邋遢鬼不一樣。
長期影響放一邊，至少在幼兒階段，雙方的差別
主要在於配件。

我必須強調這些差異不會對寶寶的心情產生負面影響。
空寶特瓶是寶寶最愛的玩具，這是舉世皆然的事實，而且受潮的乖乖比較好吃。
不過，邋遢鬼的孩子以後會因爲爸爸媽媽忘記簽同意書，
而沒辦法參加校外教學，慘。

總而言之，高低起伏是生活常態。
只是在這本指南討論的相關領域中，
整理達人在秩序與效率方面的高低起伏，
能賦予他們重新振作的機會。

至於邋遢鬼，他們在追求
些許整齊和秩序的路上跌跌撞撞，
對設定Google日曆提醒只有三分鐘熱度，
還要忙著解讀三月三日星期天
那一格寫了「翅膀」到底是什麼意思。
簡單地說，我不認爲整理達人比我厲害，
但他們確實讓我覺得自己不夠好。

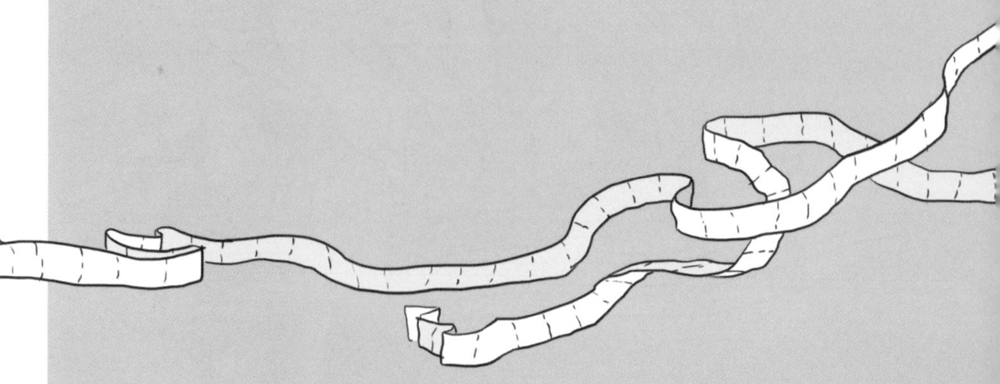

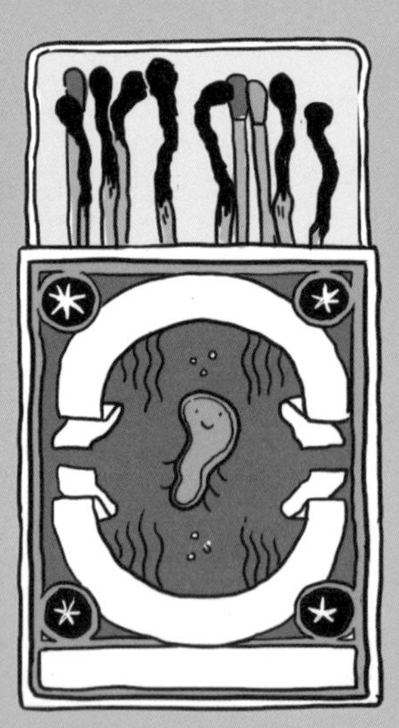

07

邋遢的演化優勢

總結前一章的內容，整理達人是老神在在、胸有成足的主角，
邋遢鬼正好相反，他們沒有勝算，成敗未卜。
這道理很好懂。邋遢不是光彩的人格特質。
精彩的故事或厲害的傳奇人物，都跟邋遢沾不上邊。
堅強的童話公主不會儀容不整，
史詩裡的英雄不會忘記把劍收回劍鞘。
就連合格的反派角色也需要條理與秩序——
否則的話，怎麼有機會稱霸世界。

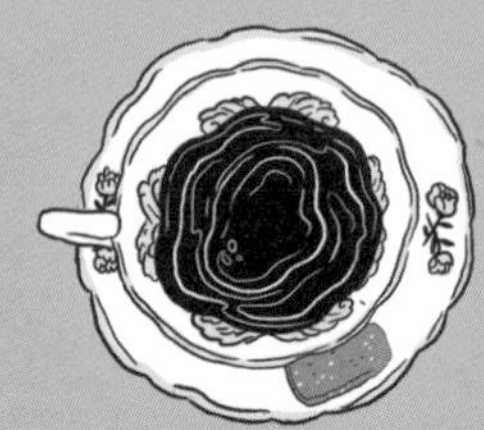

雜亂和邋遢永遠屬於配角、弱者、社會邊緣人。
他們歷來名聲不佳，
從來沒有得到完整或明確的描繪，
而且他們有點離經叛道，
所以總是受到嚴厲批判。

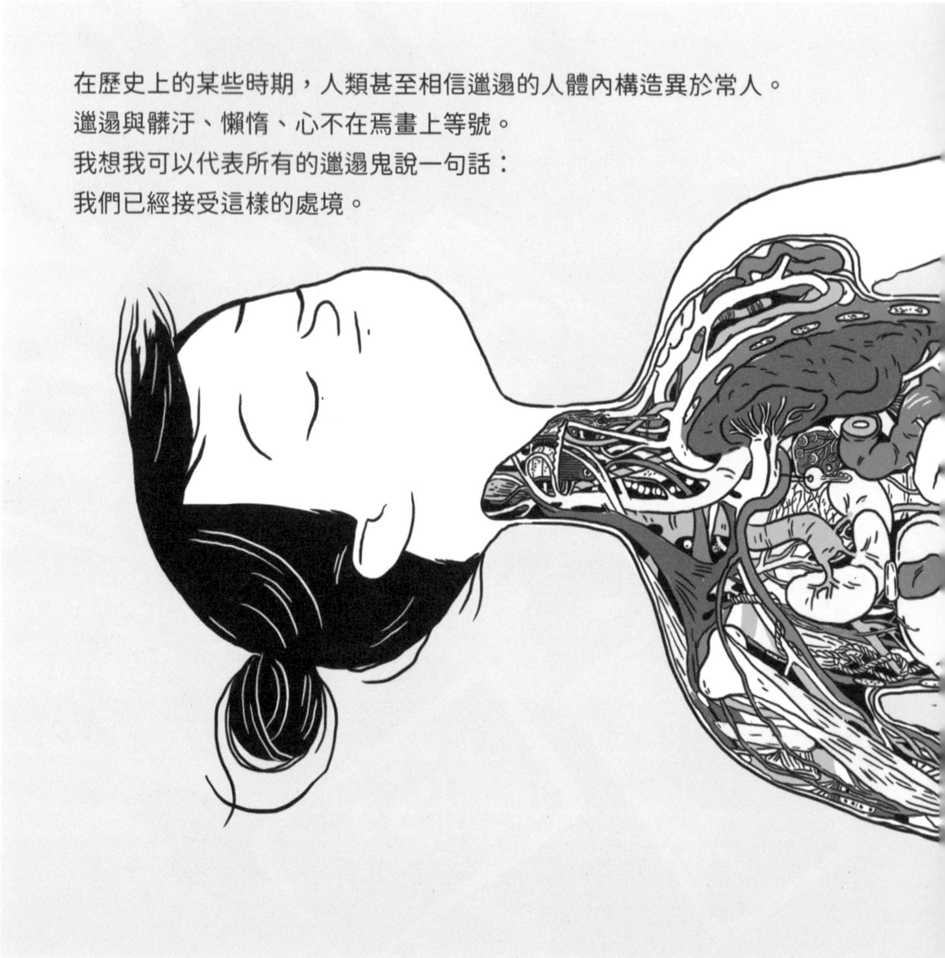

在歷史上的某些時期，人類甚至相信邋遢的人體內構造異於常人。
邋遢與髒汙、懶惰、心不在焉畫上等號。
我想我可以代表所有的邋遢鬼說一句話：
我們已經接受這樣的處境。

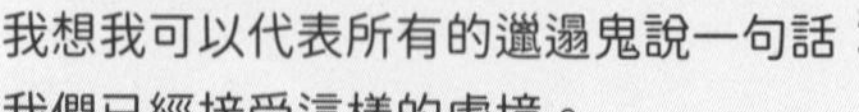

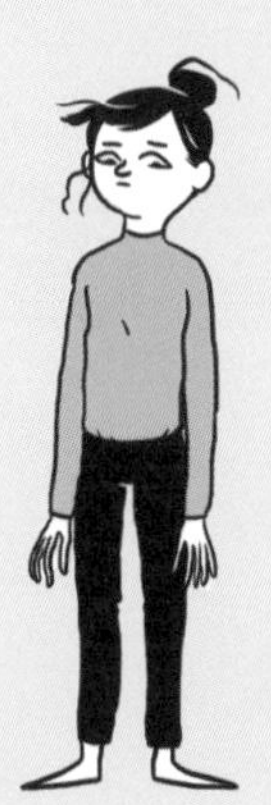

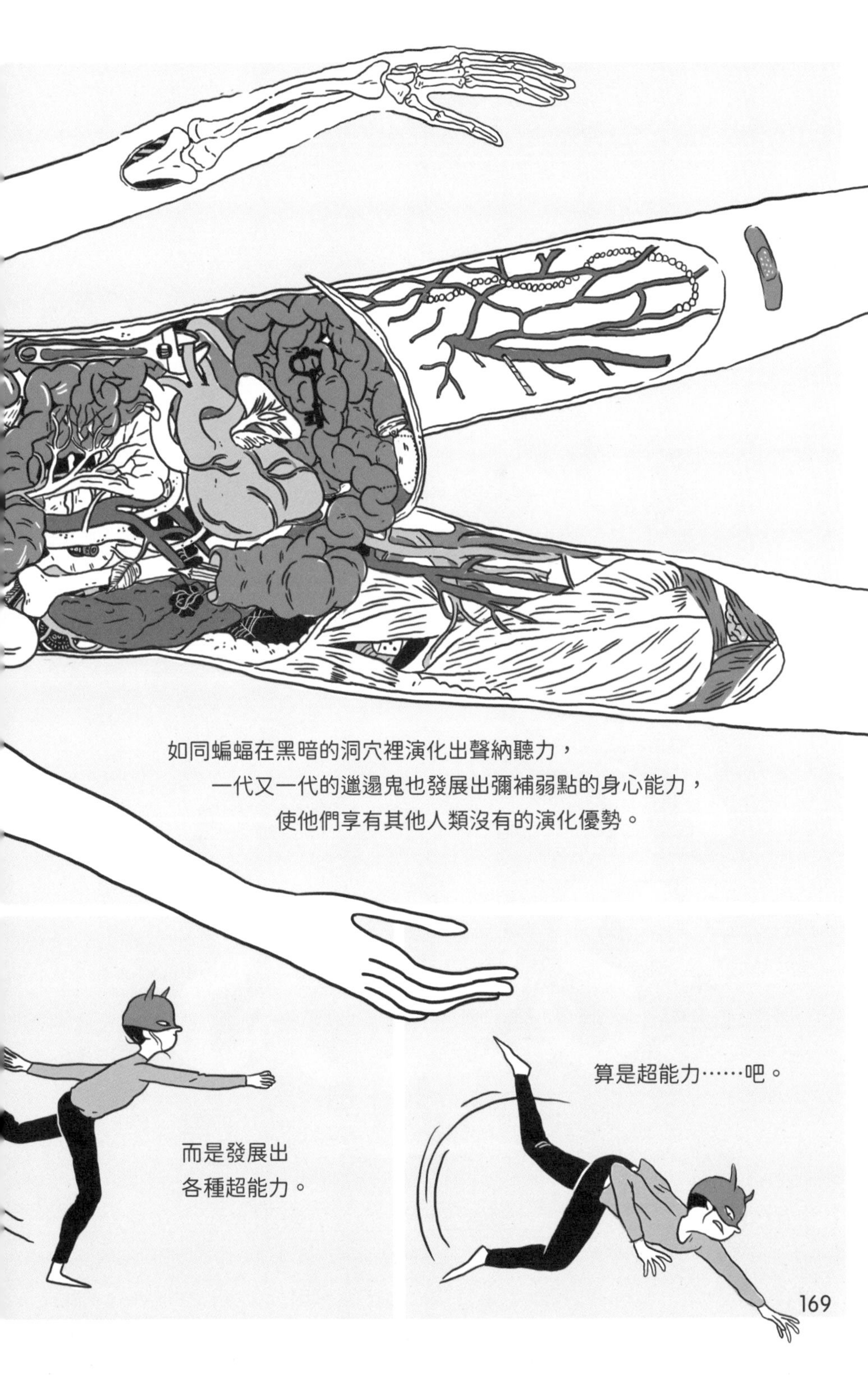
如同蝙蝠在黑暗的洞穴裡演化出聲納聽力，
一代又一代的邋遢鬼也發展出彌補弱點的身心能力，
使他們享有其他人類沒有的演化優勢。
而是發展出
各種超能力。
算是超能力……吧。

1. 隨機應變超能力

由於缺乏事先規劃，邋遢鬼十次有九次找不到需要的東西，或是常把東西搞丟。正因如此，他們隨機應變與發揮創意的能力是普通人的兩倍。邋遢鬼的隨機應變超能力，可以幫助他們逃離自己經常陷入的慘況。

協調不是邋遢鬼的強項，
但他們經常
憑著過人直覺
化險爲夷。
當然，
要是當初
東西沒亂放，
就不需要
這種能力，
但還是很厲害啦……

2. 回溯時間超能力

邋遢鬼欠缺物歸原位的認知能力（這點前面可能提過），所以他們發展出回溯與還原事件經過的能力，藉此想起最後一次在哪裡看見失物。（這種能力不等於「想一想最後一次在哪看見它」——這句話向來沒啥屁用。）

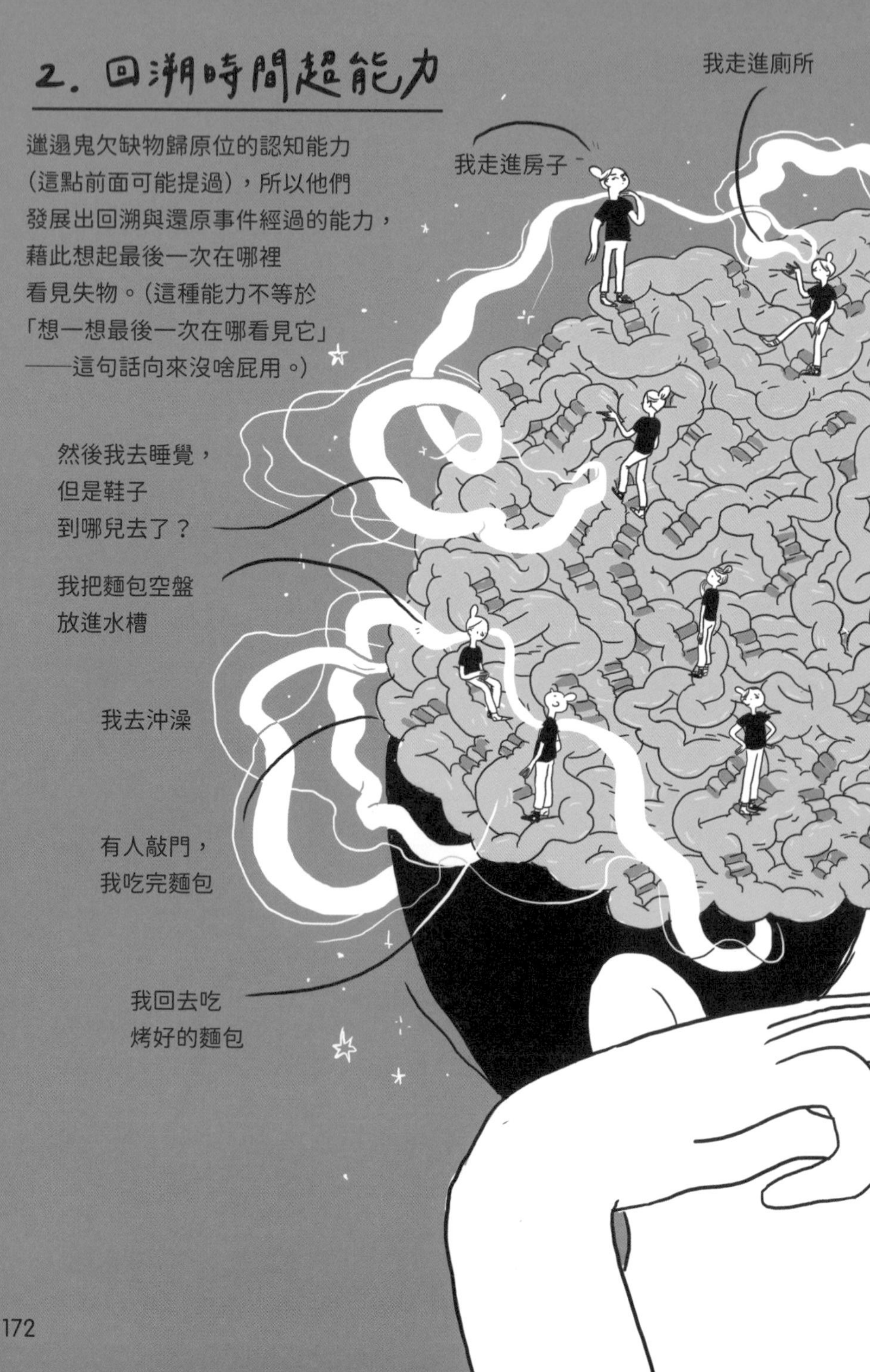

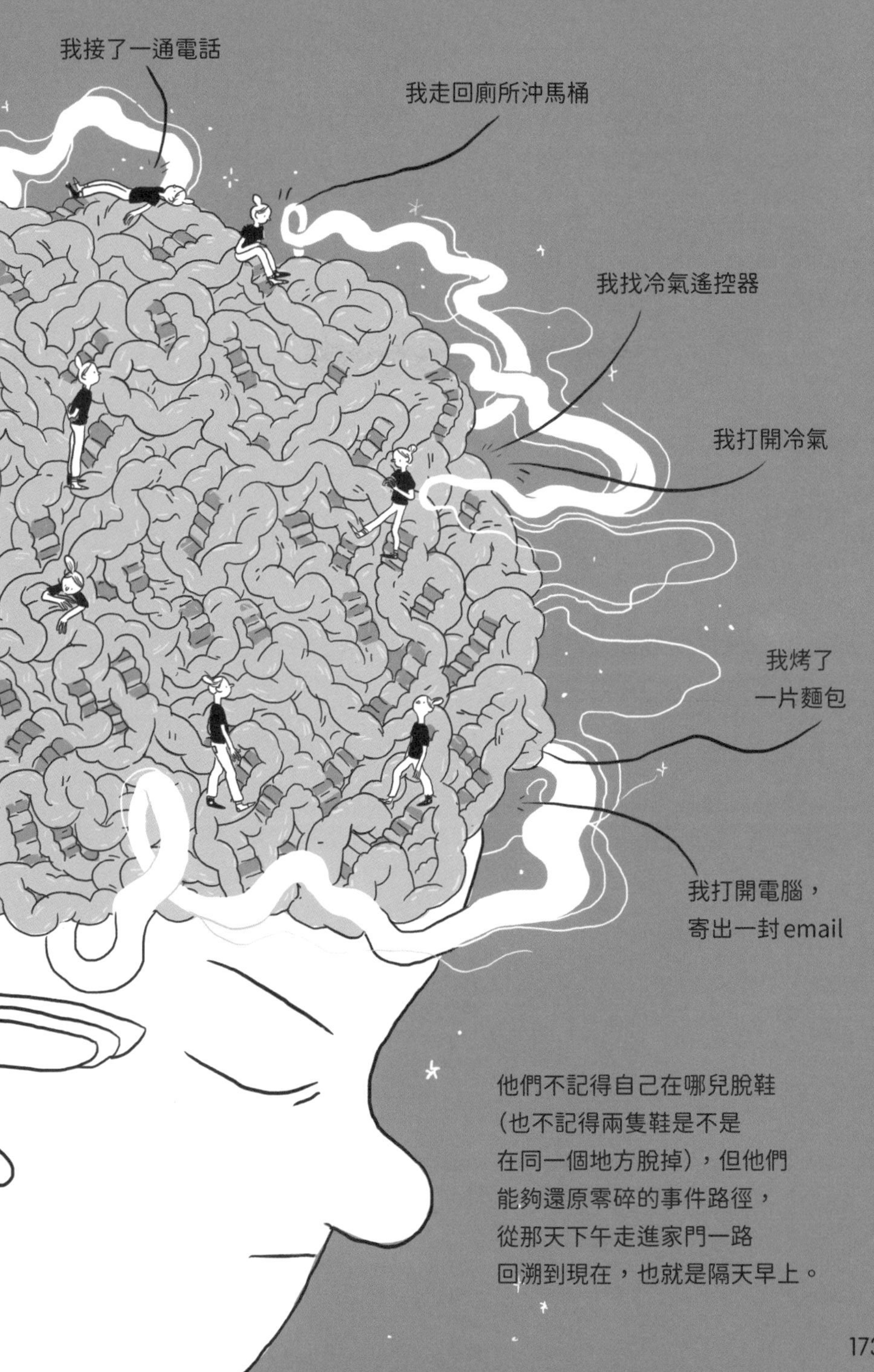

他們不記得自己在哪兒脫鞋（也不記得兩隻鞋是不是在同一個地方脫掉），但他們能夠還原零碎的事件路徑，從那天下午走進家門一路回溯到現在，也就是隔天早上。

不過這種能力偶爾會失控，
還原得沒那麼精確。或是少了
一些事實、多了一些草率的猜測。
因爲能力愈大責任愈大，
而且我們不該倉促下定論……
糟了，我找不到
鑰匙！我昨天
到家後，把鑰匙
放在窗戶旁邊
的桌上！
窗戶沒關！這表示任何人
都有可能爬上三樓，
鑽進窗戶，拿走鑰匙！
說不定這不是巧合！
而是精心規畫的陰謀！
有人等待時機，
偷走我的鑰匙！

這是一場
策畫巧妙的騙局！
是層層分工的
國際行動，
完成之後，
有人會複製一把
我家的鑰匙！
他會把東西
一一歸位，
不留一絲
痕跡！
然後消失在黑夜裡……
我必須換鎖！
還得換門！
我應該搬家！

3. 回溯空間超能力

邋遢鬼會記得兩天前絕對有看到
遙控器就在檯燈對面的扶手椅底下（留在原地守則！）
他們從不物歸原位，又有回溯事件經過的能力，
兩者相加創造出邋遢鬼的演化優勢。
1
4

這種超能力在黑暗中也超好用！

邋遢鬼如果碰巧膀胱無力，或是家裡有愛哭的小嬰兒，
入夜後家裡會變得很危險。這時候，記得家中雜物散落位置的
超強記憶力，能幫助他們在黑暗中順利抵達廁所，或是順利找到寶寶。

當然，這種超能力應付不了：
3. 會說話的娃娃
2. 樂高
1. 腳趾踢到尖銳物品
畢竟它只是超能力，
不是奇蹟。

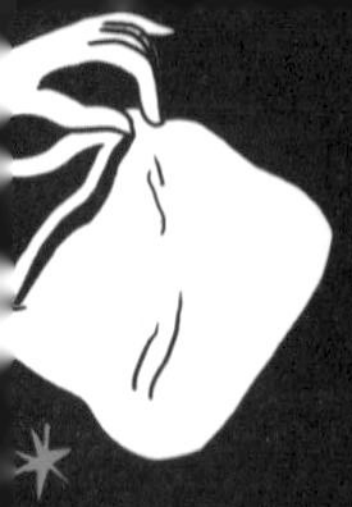

4. 觸覺辨識超能力

想拿包包裡的東西時盡量不用眼睛看，
僅靠觸覺取出你要的東西。

5. 處變不驚超能力

東西不見了

整理達人弄丟錢包，可能會低潮一整天。找不到家裡的鑰匙，堪比天崩地裂。他們需要重新振作，拿出十二萬分的整理魂才有辦法走出低潮。

「今晚眞開心，不過我的鑰匙好像不在包包裡。我去我姊姊家過夜好了，晚安。」

對邋遢鬼來說，找不到東西稀鬆平常。邋遢的成年人更是處變不驚，因爲他們早已身經百戰。反正錢包裡也沒有重要的東西，咖啡館的集點卡也頂多集個兩點就遺失了。

「喔，你在大街上吐了，身上卻連一張用過的面紙也沒有嗎？沒關係，寶貝。至少該吐的都吐乾淨了。」

邋遢鬼生活在未知裡，所以
任何意外狀況都嚇不倒他們。
他們會保持冷靜。哪怕
眾目睽睽，或是很丟臉……

「感謝大家對我有信心！
我找不到寫得獎感言的小抄，
但你們應該知道我想說什麼。」

或是很危險也一樣。

「嗯……我應該帶上那個
有降落傘的背包？像卡通裡
畫的那樣？我好像
把它留在
門邊了。」

6. 逃避與說謊
超能力
多虧了對無序與恍神的堅持，邋遢鬼
累積了很多欠款、忘了打開的email、
還沒回覆的WhatsApp訊息、
尚未歸還的圖書館的書／
公司制服／向鄰居
借來的刨絲器。
好耶！
我有兩本
小學二年級
的時候
向圖書館
借的童書，
到現在
還沒歸還。

與惡魔直面對決當然是
健康的作法，但有時候，
逃避還是比較輕鬆。
也可以想一想
非常薄弱的藉口。
我忘了把牛仔褲還給她（其實
也不是真的忘記啦——丟洗衣機
之後縮水了，
我覺得很
不好意思）。
我忘了
多帶一條褲子
去幼稚園給他。
我沒有回email給他（也沒
回他後來問我有沒有收到
前一封email的email）。
我沒有寄給他
一月到二月
的發票。

我知道這些超能力沒什麼了不起（念力厲害多了），
也不值得爲了擁有這些超能力就當個邋遢鬼。
但是，這個念頭確實提供了些許安慰。
能在你面對亂糟糟的人生與亂糟糟的客廳時，
給你一點點安穩的力量。

08

何時應該任由它去

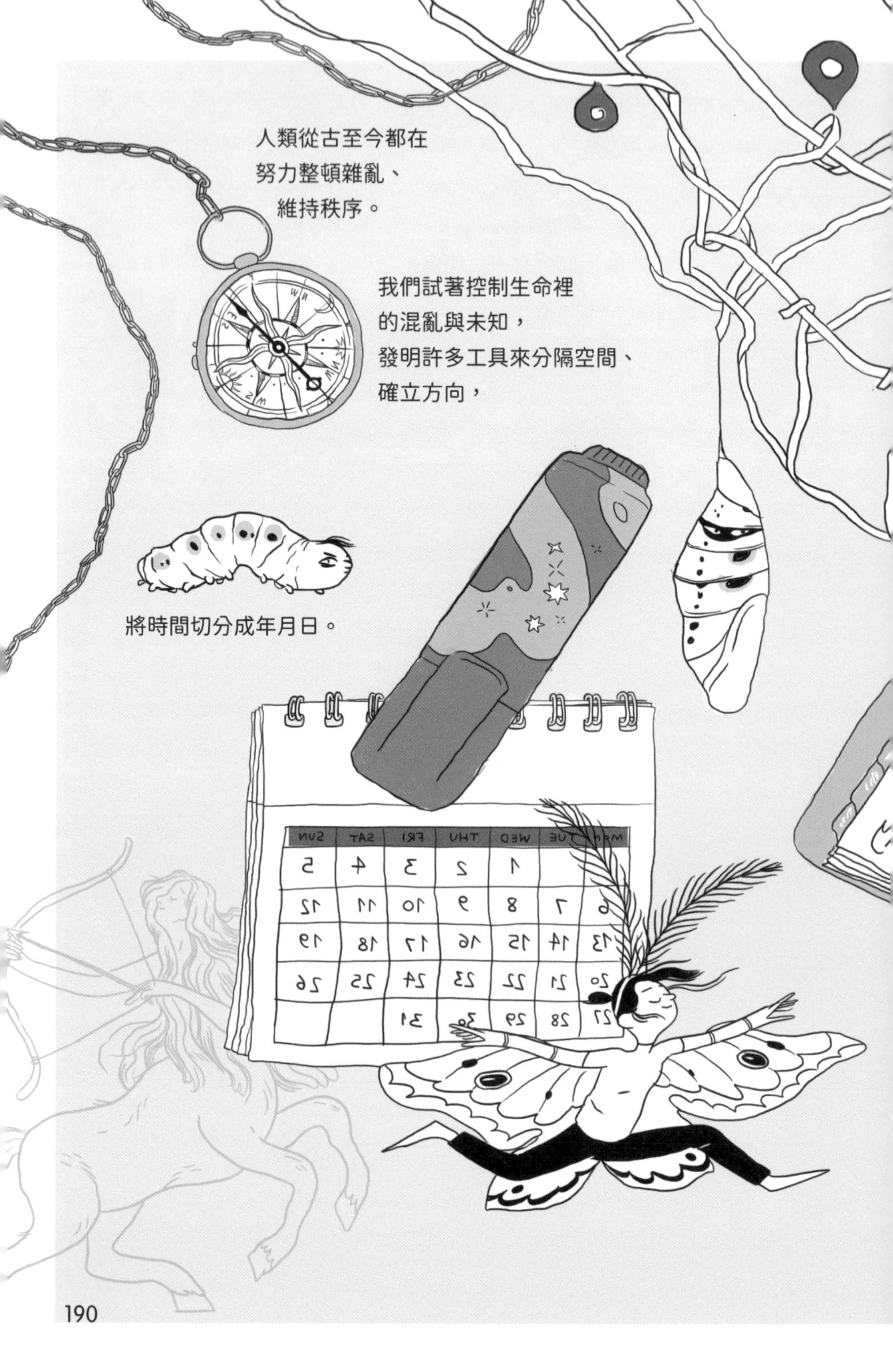

人類從古至今都在
努力整頓雜亂、
維持秩序。

我們試著控制生命裡
的混亂與未知，
發明許多工具來分隔空間、
確立方向，

將時間切分成年月日。

我們發明了
便利貼，以免
遺忘。
我們發明了
地圖，以免
迷路。
後來還發明了
GPS導航。
我們畫重點、分類、使用檔案夾，
把東西放入保鮮盒永保新鮮。
我一直相信，總有一天，
身爲懶惰毛毛蟲的我
會蛻變成爲一隻
既美麗又整潔的蝴蝶。

要解釋這種幼稚的渴望並不難。
我或許已經解釋過，
當個邋遢鬼一點也不自在。
「幸好你的頭是黏在脖子上」
是我這輩子最常聽到的一句話。

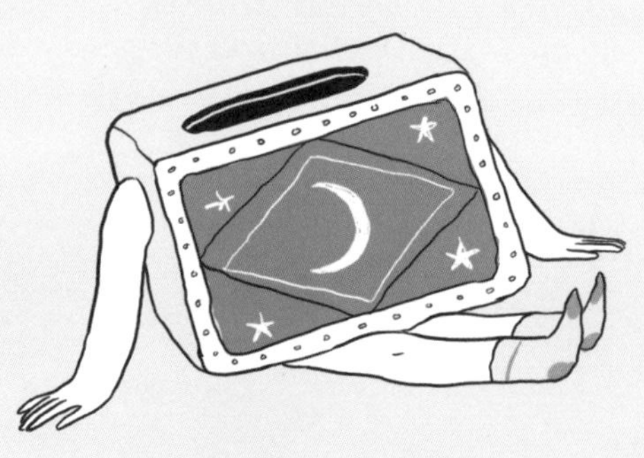

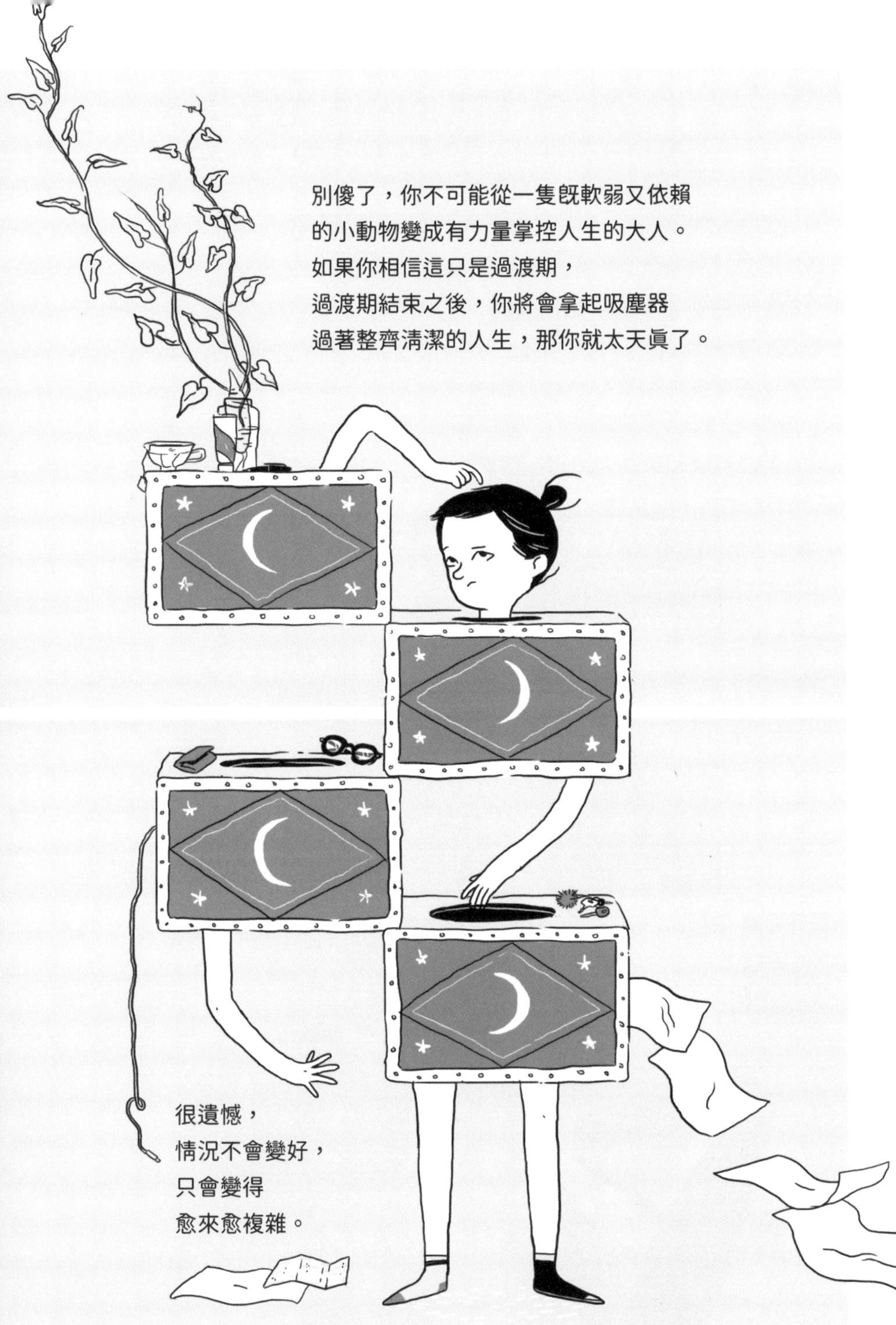
別傻了，你不可能從一隻既軟弱又依賴
的小動物變成有力量掌控人生的大人。
如果你相信這只是過渡期，
過渡期結束之後，你將會拿起吸塵器
過著整齊清潔的人生，那你就太天眞了。
很遺憾，
情況不會變好，
只會變得
愈來愈複雜。

甚至可以說，是愈變愈糟。因爲生活於現代的成年人肩負更多任務與責任，我們擁有更多東西，忘記把東西放在哪裡的機會自然也變多了。隨著你漸漸長大，你會弄丟更多東西，忘記更多約定，到最後你不得不承認頭黏在脖子上確實值得慶幸。

爲了在成年之後維持生活運作，你必須了解自己的能力極限，及時止損。我在第五章推薦了無爲而治的整理魔法，看完之後你應該明白哪些事你肯定做不來，請坦然接受事實，把握放棄的時機。

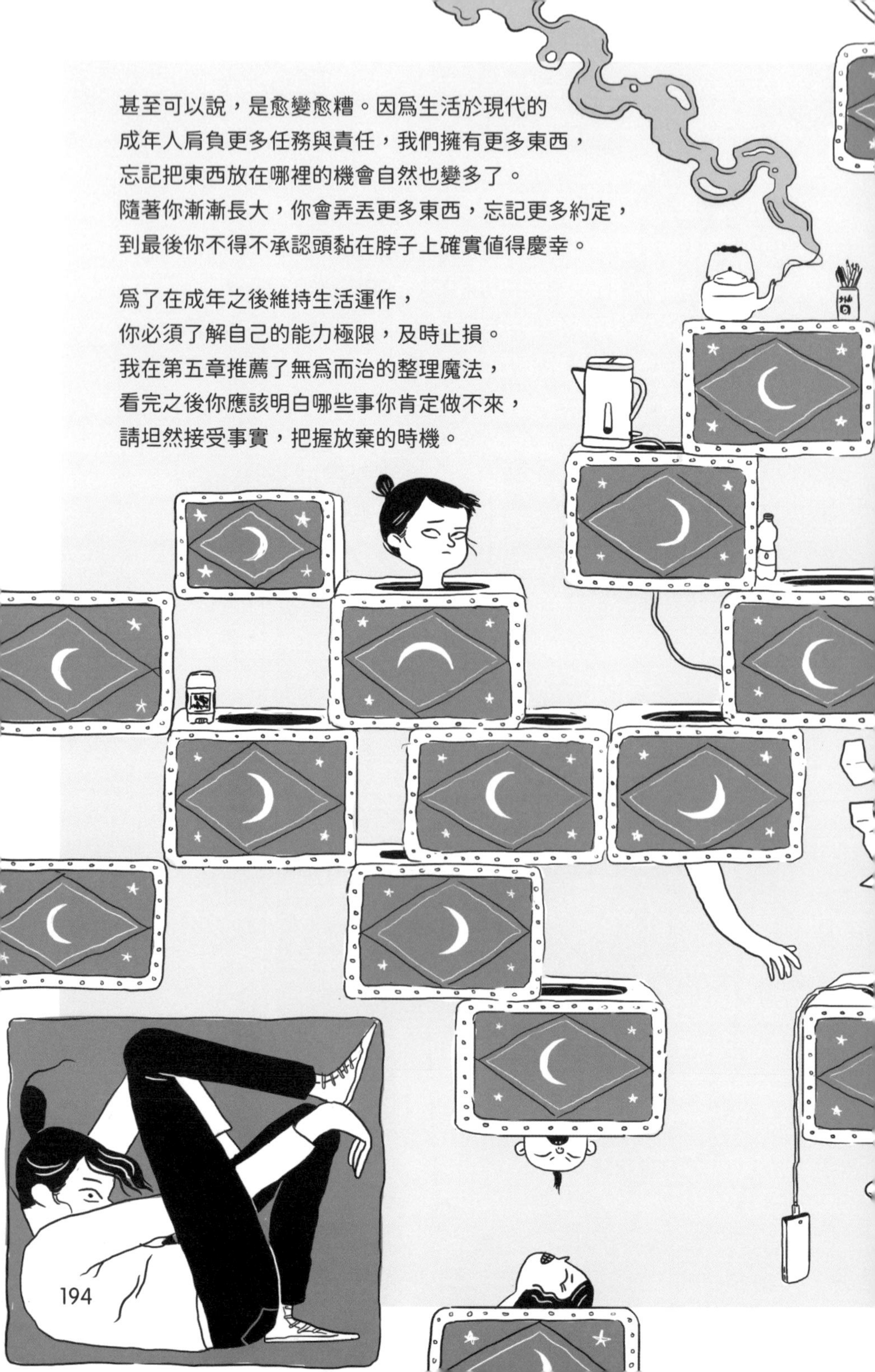

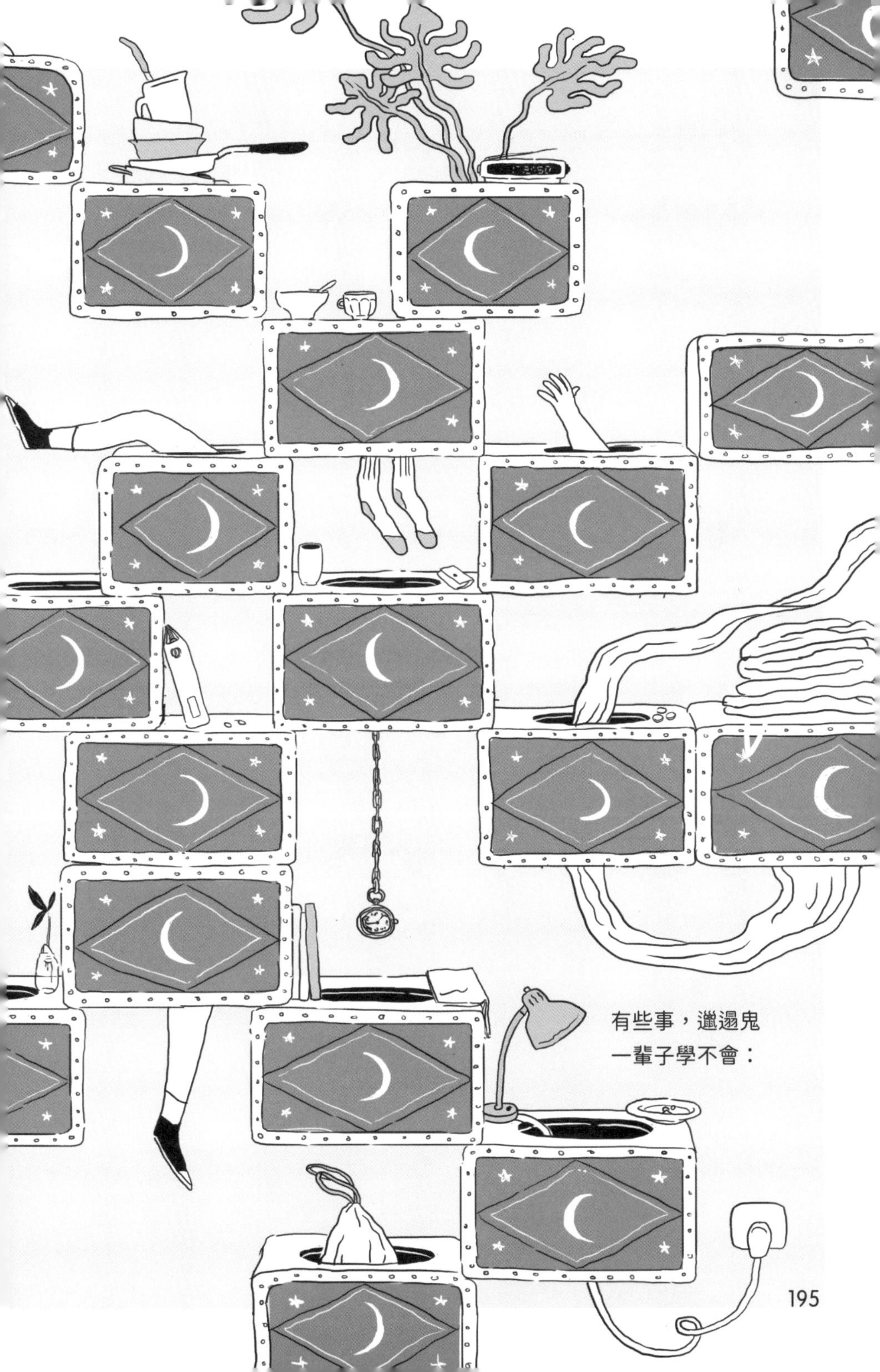

有些事，邋遢鬼
一輩子學不會：

1. 繳罰單
現代罰單顯然只有60%的懲戒效果。
公開吊死、在市中心的廣場施以鞭笞、
綁在木樁上燒死，都是古代
常見的刑罰。罰單大概想要複製
這種公開自我鞭笞的精神，
也希望受罰的人有點悔過的想法。

罰單令人焦慮。
但最初的震驚消退後，你把罰單貼在冰箱門上，
它會與背景的廚房和冰箱自然融爲一體。
你永遠不會去繳這張罰單。它會留在冰箱門上
直到世界末日——或至少直到你搬家。

將來有一天，人類不再需要冰箱，
因爲我們吃食物膠囊就能攝取營養。儘管如此，
人類仍會持續製造冰箱，因爲我們需要地方貼罰單。

2. 買衛生紙

剛買回來的一整袋衛生紙，看起來彷彿取之不盡、用之不竭。
其實衛生紙消耗得比你想的還快。

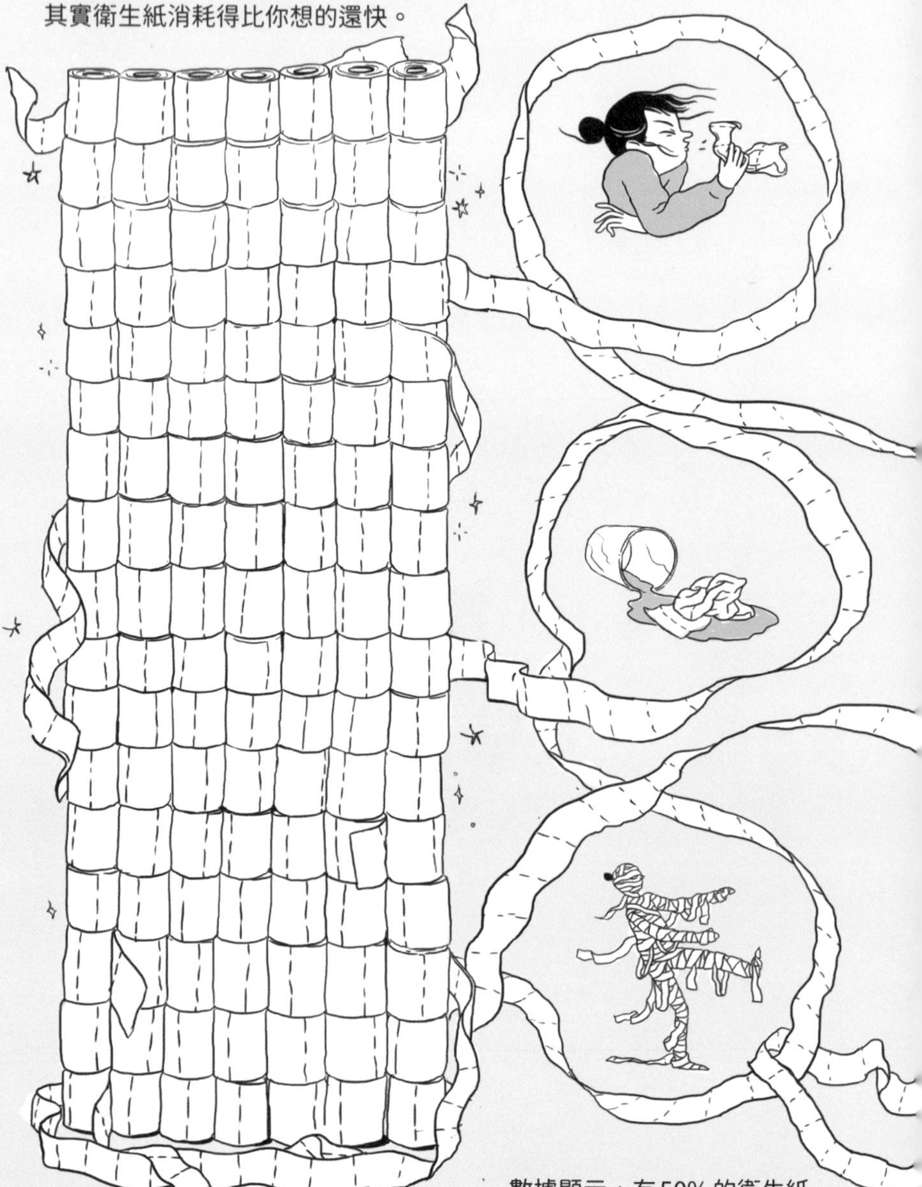

數據顯示，有50%的衛生紙
用在與廁所無關的地方（擤鼻涕、擦拭液體等等）。

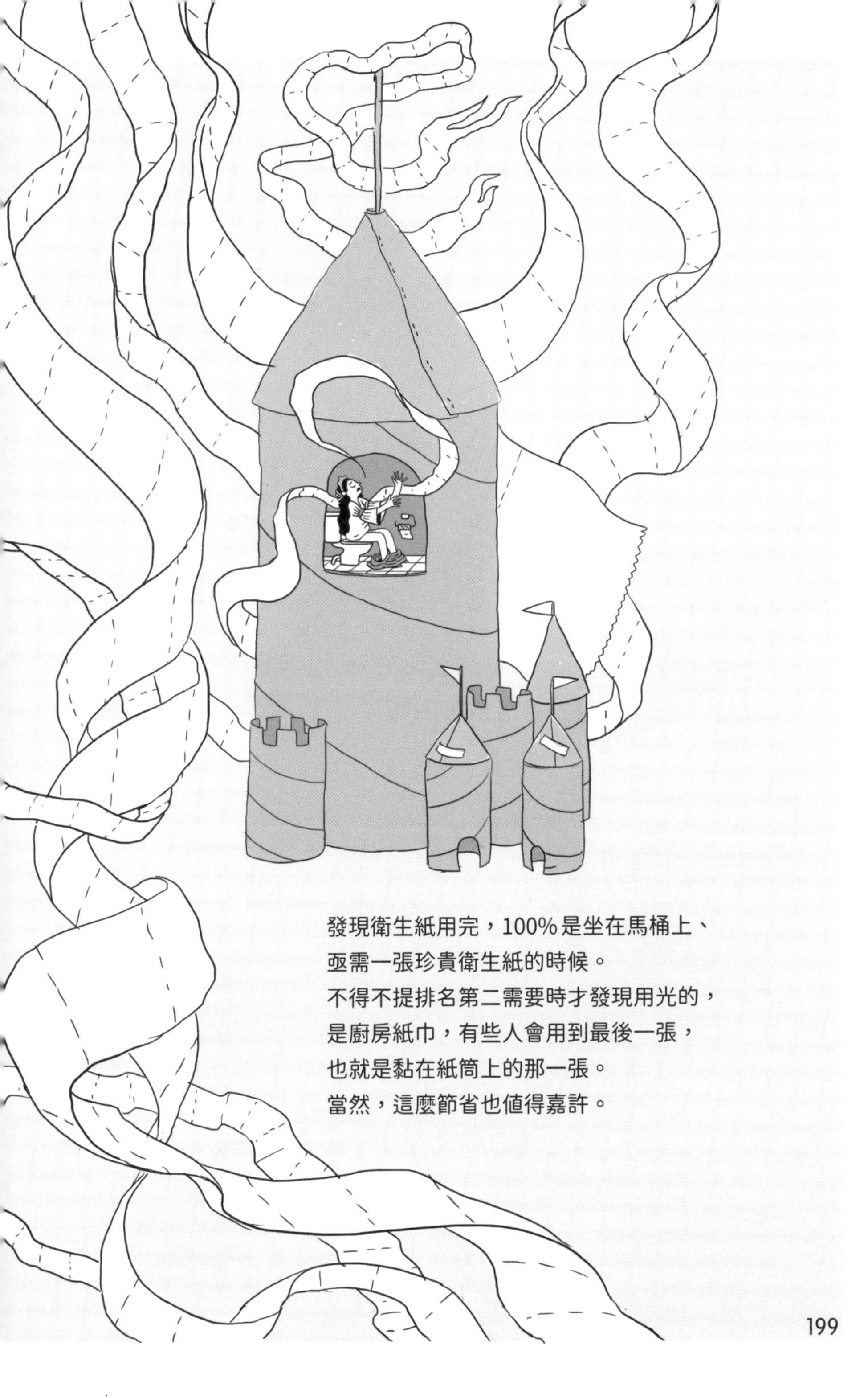

發現衛生紙用完，100%是坐在馬桶上、
亟需一張珍貴衛生紙的時候。
不得不提排名第二需要時才發現用光的，
是廚房紙巾，有些人會用到最後一張，
也就是黏在紙筒上的那一張。
當然，這麼節省也值得嘉許。

3. 收衣服
通常我們建議衣服晾乾後就要收起來，
否則曬衣架上會默默出現下一批衣服，
曬衣架承受不了兩批衣服，會塌。
你大概不會
有過這種經驗。但由於
收了衣服就得摺，
摺好就得收進衣櫃，
這段過程我光用寫的
就已經累了。

拖延收衣服的主要
問題，是曬衣架的
結構延長了曬衣服
的時間。兩批衣服
擠在曬衣架上會產生
一團獨特濕氣，導致
衣服發臭、浴室濕度
升高。碰到曬衣架
特別難搞時，你還會
撞得渾身瘀青，幸好
這種情況比較少見。

4. 鋪床單

關於這件事，我應該無須詳細說明。
換床單是全世界最令人卻步的事。
有人說，鬼故事就是這樣誕生的。
目的是爲這種現象
提供一個既合理
又不那麼恐怖的解釋。

換枕頭套是換被套的
迷你版最後彩排。

值得一提的是，
雖然你因爲太懶惰而不願意
同時拉緊床單兩角，
是導致鋪床單失敗的主因，
但是對臂展長度正常
的普通人來說，
這個要求
確實有些過分。
不是換床單的彩排。
比較像是爲待會兒的
操作失敗做好心理準備。

5. 清理排水孔

沒有人知道如何用心理學解釋這種現象。
60%的邋遢鬼洗完碗之後，
不會清理水槽排水孔上的食物殘渣。
這顯然是一種古老的獎勵機制：
他們覺得自己動手洗碗實在好棒棒，
值得擁有排水孔不會塞住的好運氣。

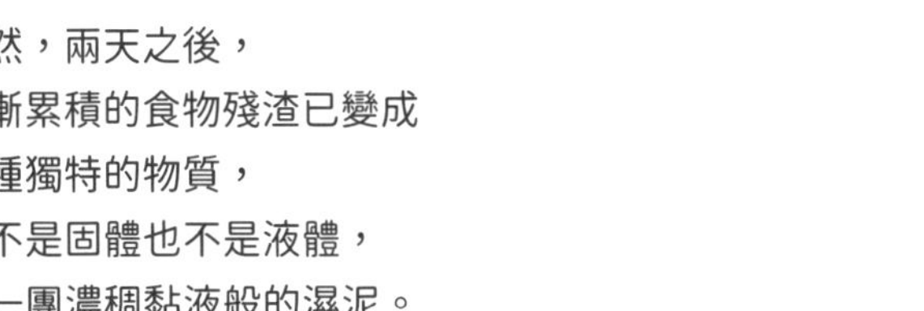

當然，兩天之後，
逐漸累積的食物殘渣已變成
某種獨特的物質，
既不是固體也不是液體，
是一團濃稠黏液般的濕泥。
有時候這個微小的生態系統會發展出
自我意志與一套不同的道德準則。

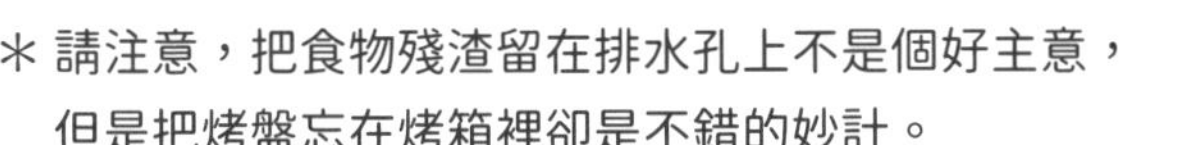

＊請注意，把食物殘渣留在排水孔上不是個好主意，
但是把烤盤忘在烤箱裡卻是不錯的妙計。

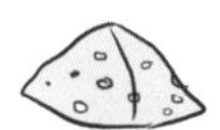

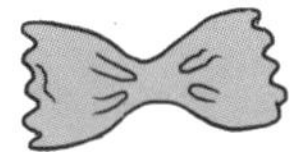

6. 維持床底下的整潔

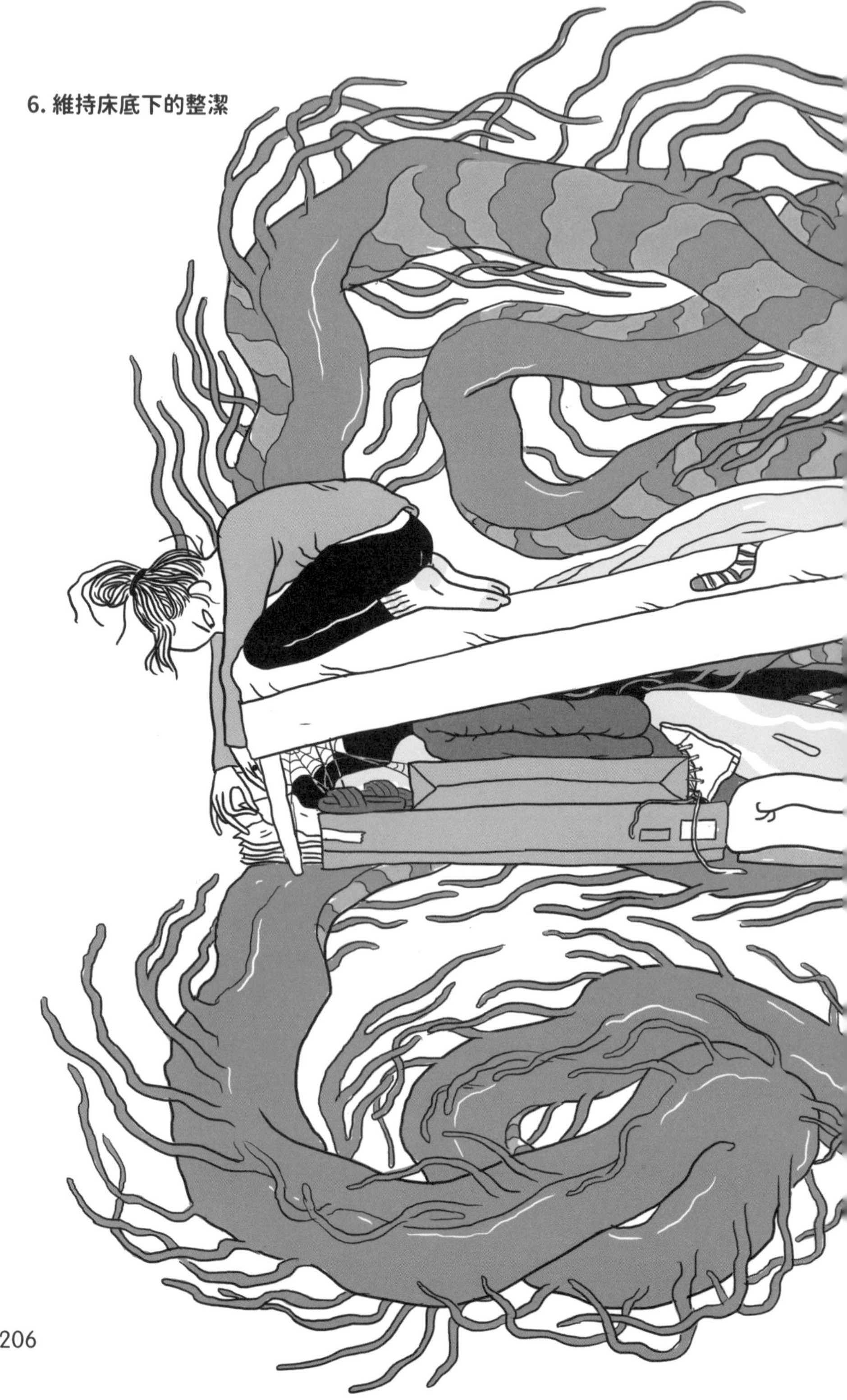

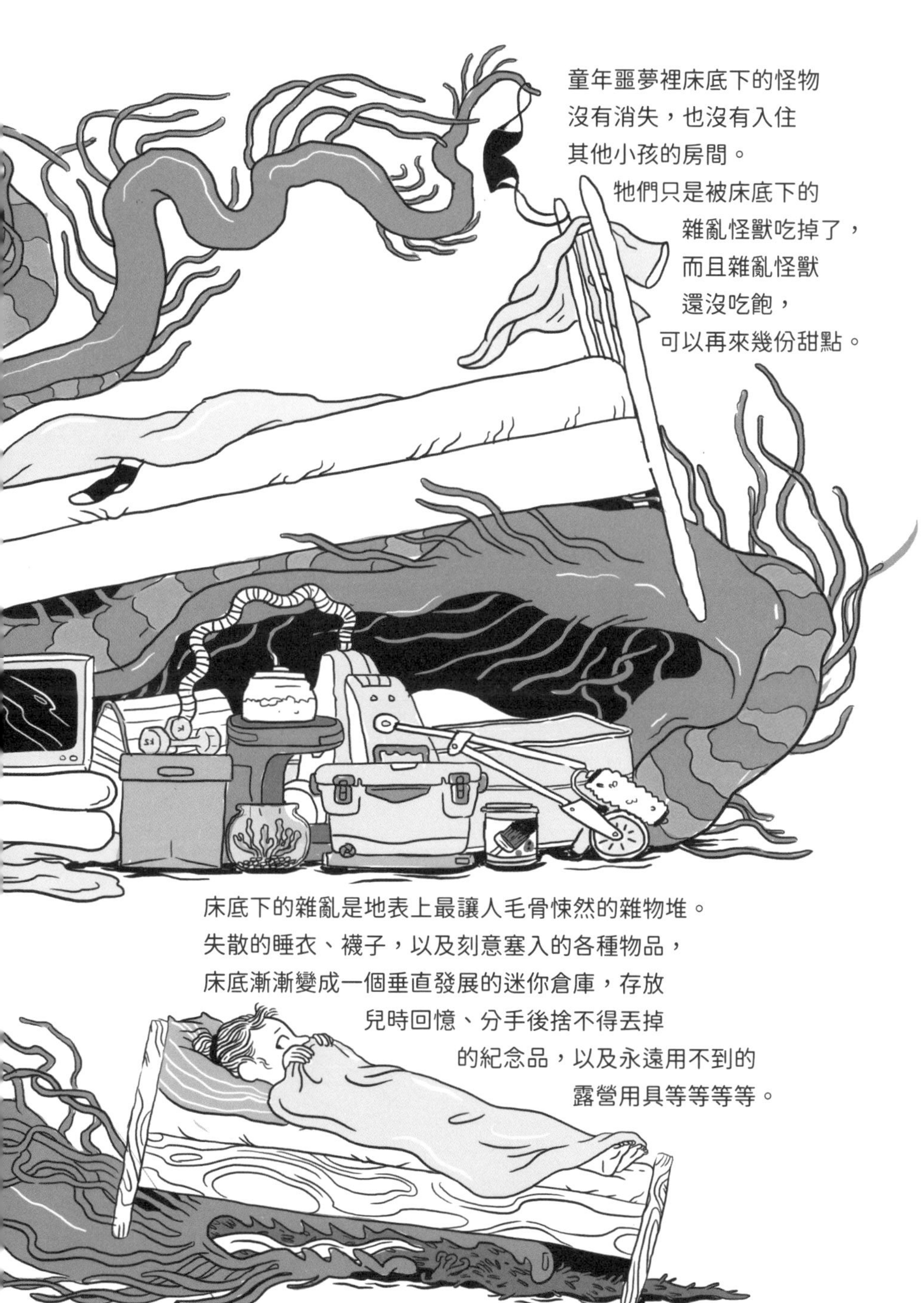

童年噩夢裡床底下的怪物
沒有消失，也沒有入住
其他小孩的房間。
牠們只是被床底下的
雜亂怪獸吃掉了，
而且雜亂怪獸
還沒吃飽，
可以再來幾份甜點。

床底下的雜亂是地表上最讓人毛骨悚然的雜物堆。
失散的睡衣、襪子，以及刻意塞入的各種物品，
床底漸漸變成一個垂直發展的迷你倉庫，存放
兒時回憶、分手後捨不得丟掉
的紀念品，以及永遠用不到的
露營用具等等等等。

可以的話，盡量選擇底下沒有開放空間的床架。

7. 撿拾散落的棉花棒

沒人辦得到（包括整理達人）。
要是一整包棉花棒散落在地上，
你只能搬家。

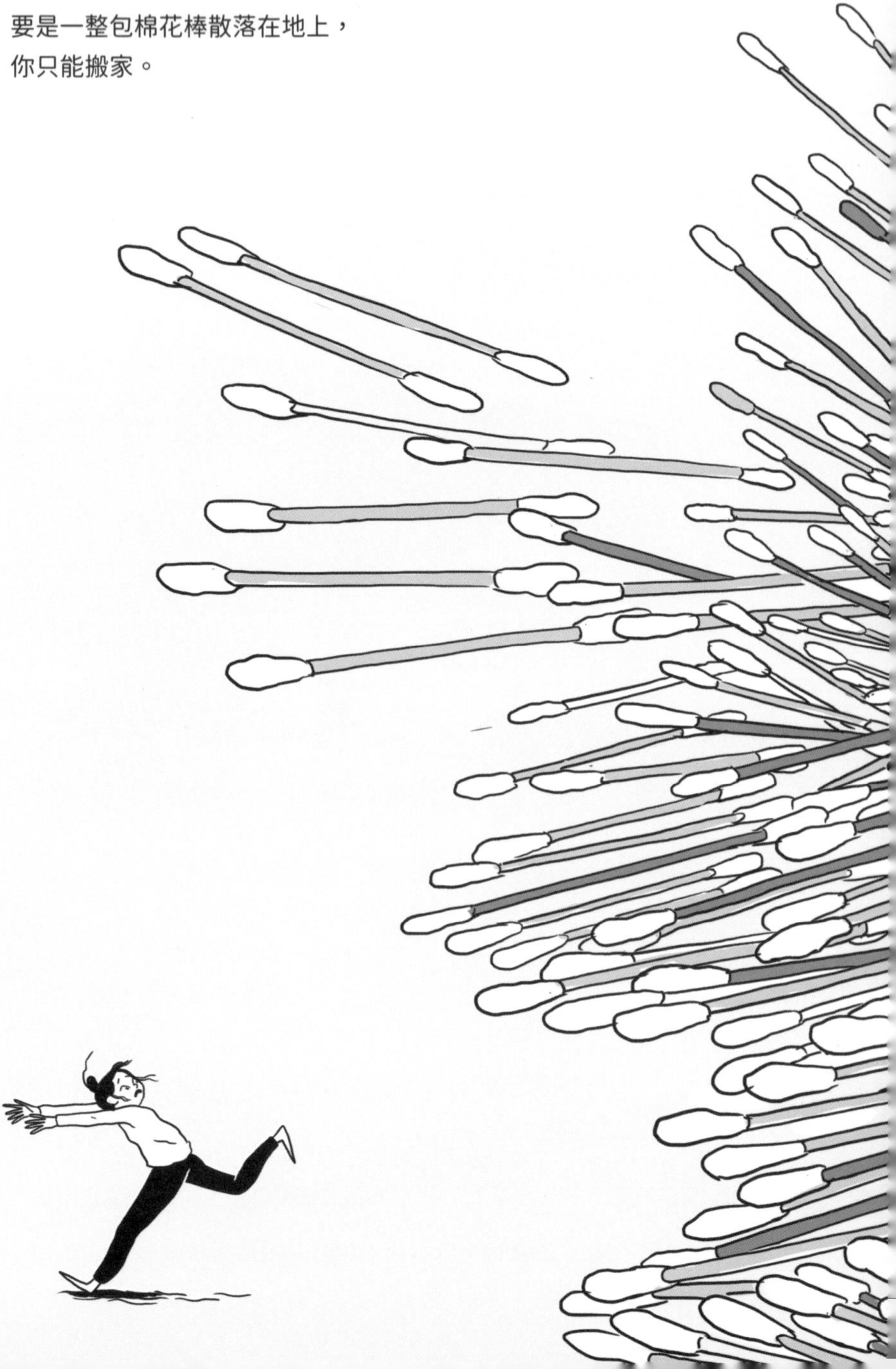

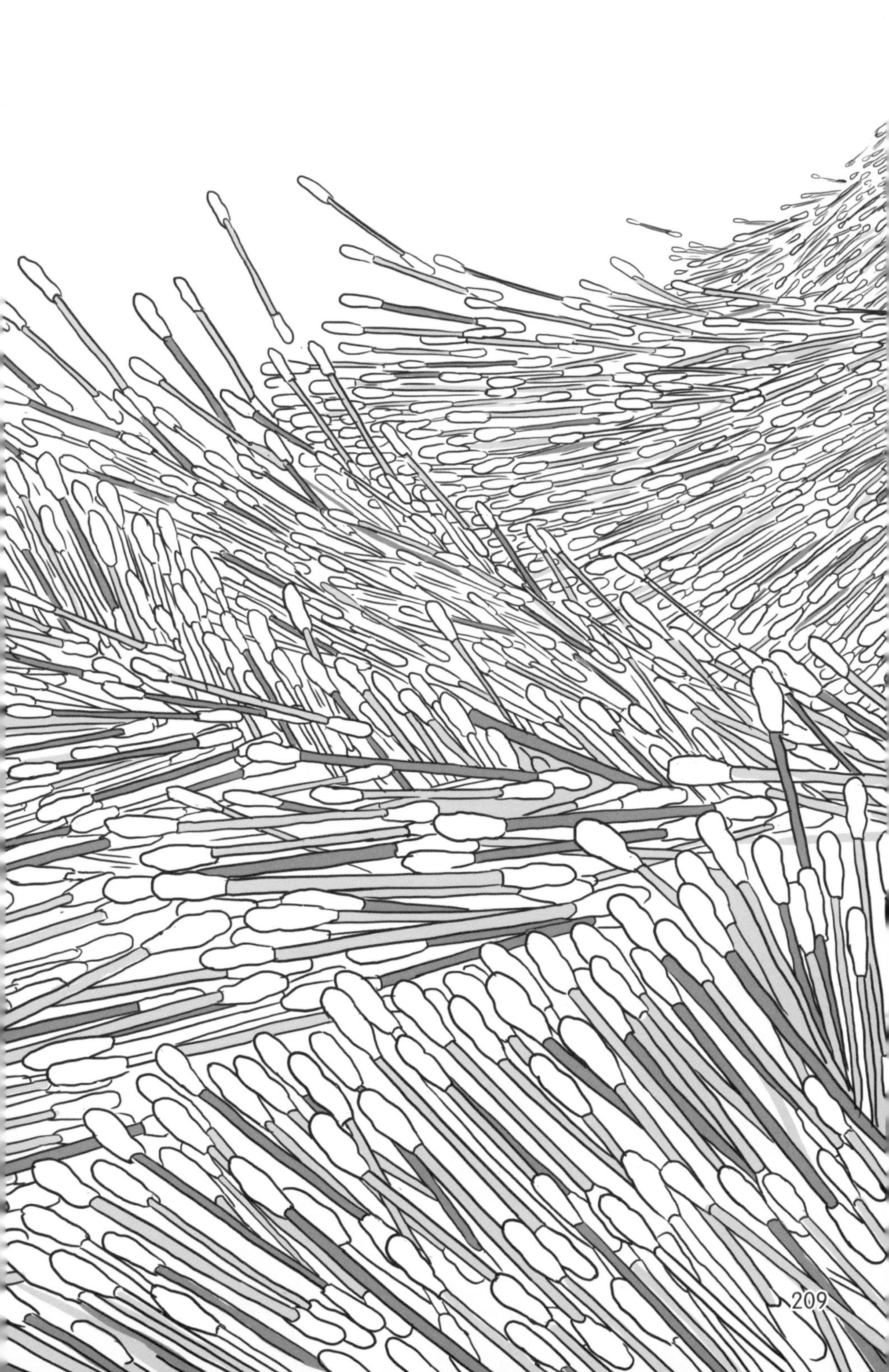

知道失敗是注定的結果之後，
請坦然接受事實。如果你小時候
是個邋遢的孩子，經常搞不清楚
上學的那天該穿制服還是便服，
長大之後的你必須記住，
其實每個人都有一點邋遢，
只是會用某種方式偽裝成
整潔又有條理的模樣。

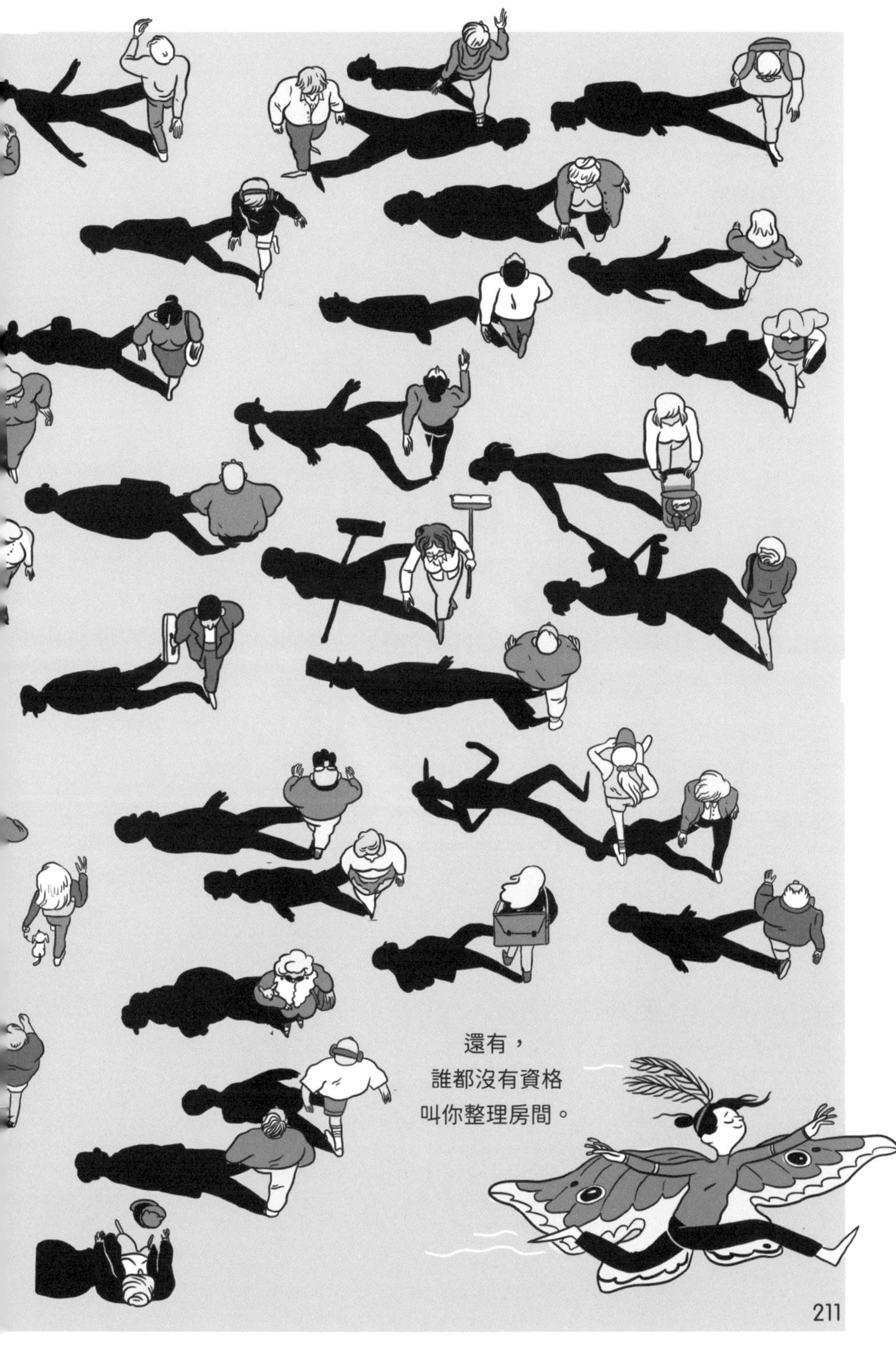
還有，
誰都沒有資格
叫你整理房間。

09

救贖

你或許已經發現，這本書不是普通的指南。
也許我該趁這個機會向讀者致歉，
因爲這本指南不一定能幫你
改頭換面。
我無法提供
類似這樣的建議：
只要照我的話做，三十天後，
你會變得更苗條、更有精神、更有條理。
因爲意志力薄弱，所以明明知道牛奶
只剩最後一口，還把牛奶盒放回冰箱，
像這樣的低級錯誤，看完這本書後
將永遠不會再犯。

這本指南的目標
不是增進你的整理能力。
而是幫你
把邋遢的人生過得輕鬆一些。
並且爲大家指出，我們爲了洗心革面
浪費的時間，其實有更好的運用方式：
追劇、跟好友相聚、打保齡球，
或是把力氣用來嘗試控制全世界
（但我猜這項任務需要
大量的安排與規劃）。

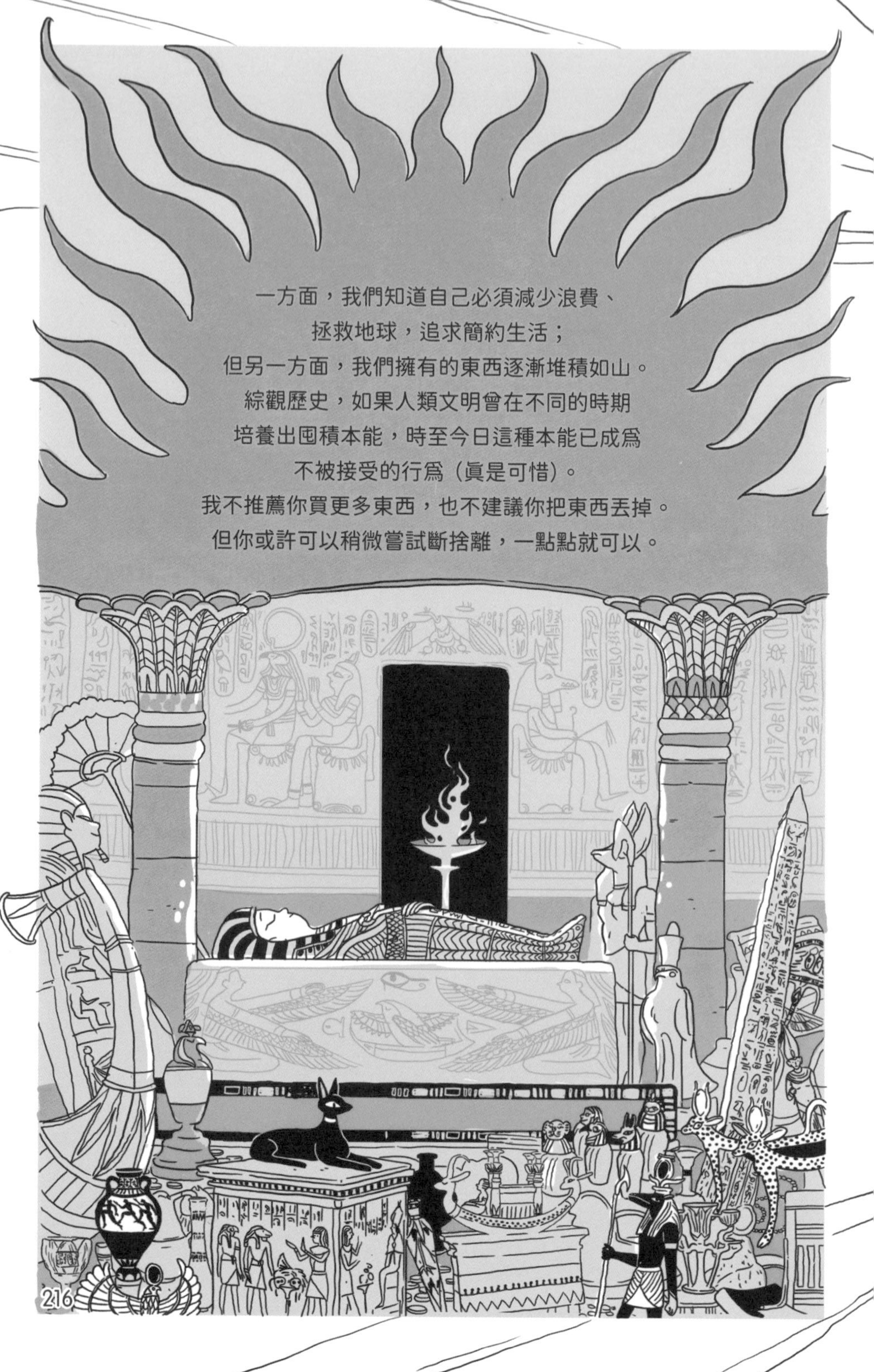
一方面，我們知道自己必須減少浪費、
拯救地球，追求簡約生活；
但另一方面，我們擁有的東西逐漸堆積如山。
綜觀歷史，如果人類文明曾在不同的時期
培養出囤積本能，時至今日這種本能已成爲
不被接受的行爲（眞是可惜）。
我不推薦你買更多東西，也不建議你把東西丟掉。
但你或許可以稍微嘗試斷捨離，一點點就可以。

因爲沒人想帶著身外之物
躺進棺材（也許手機可以帶……）。

不需要用力過猛，接受雜亂是生活的一部分……雜亂雖然有很多缺點，卻是區分飯店、Airbnb和自家狗窩的神奇祕方。

暫時的居所總是比較整潔。

這公寓也太亂了吧……
但這是因爲沒人眞的住在那些地方。

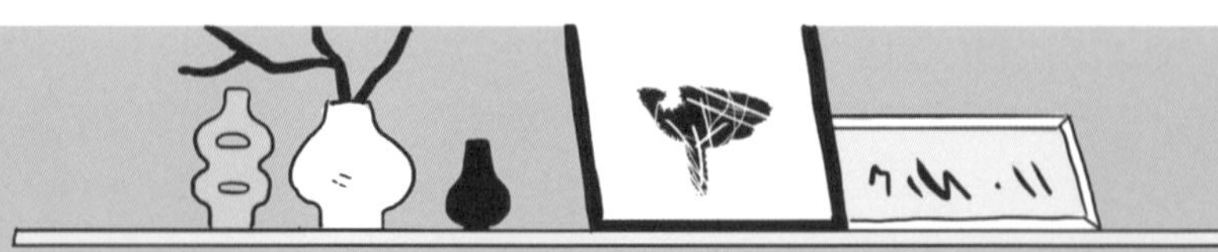

那些地方沒有我們珍愛的東西，
沒有我們把事情搞砸的痕跡，
沒有我們的嗜好與吸引我們目光的鞋子，
沒有我們特別喜歡的角落，
也沒有心愛的家人特別喜歡的角落。

那些地方不是家。

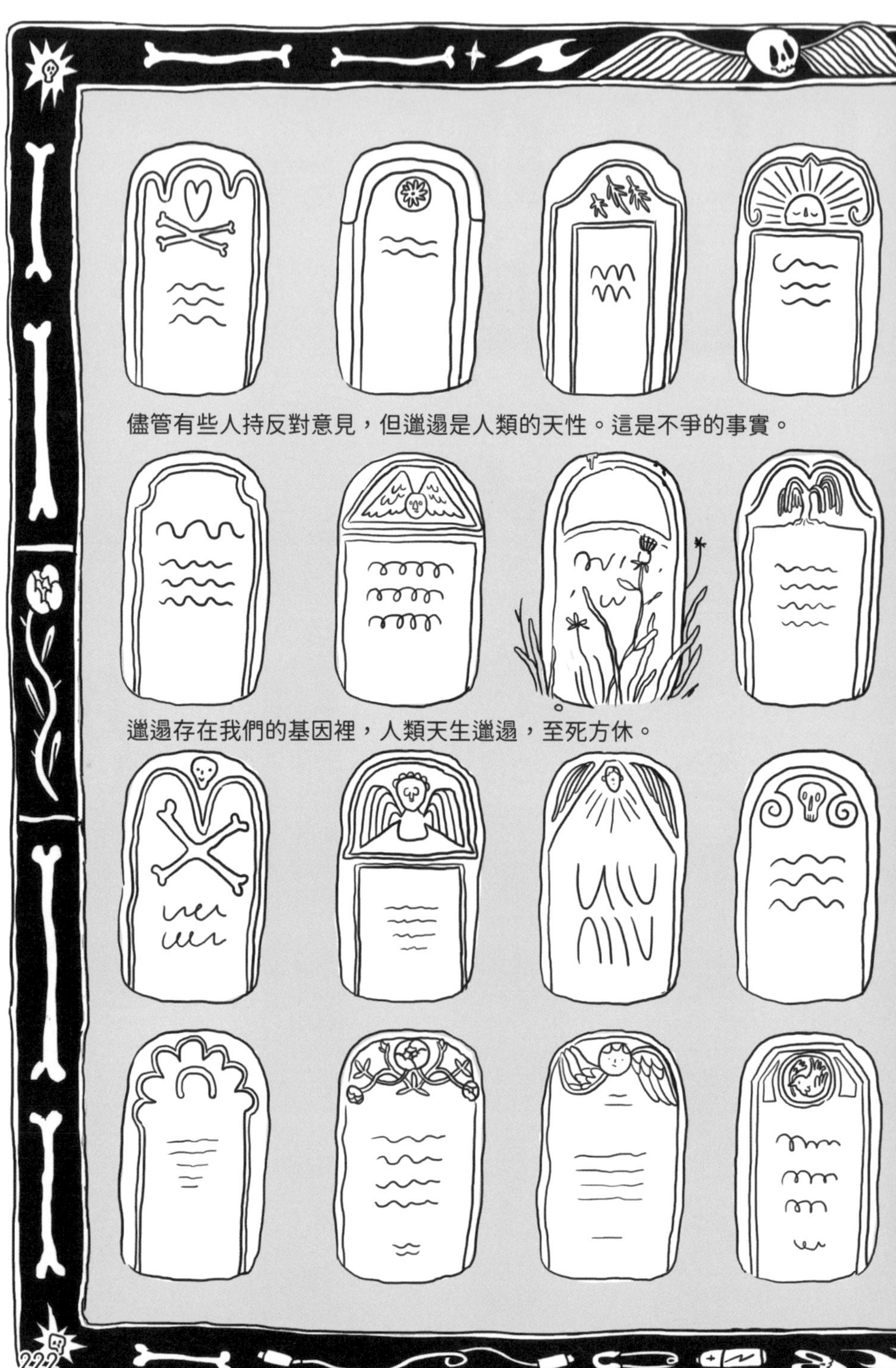
儘管有些人持反對意見，但邋遢是人類的天性。這是不爭的事實。
邋遢存在我們的基因裡，人類天生邋遢，至死方休。

我們對抗不了天性，
僅能做到活在世上的每一天，
盡量不要把時間浪費在整理上。